COMO TER SUCESSO EM CONCURSOS
E VIVER A VIDA QUE VOCÊ MERECE

GERSON **ARAGÃO**

2018 © Editora Foco

Autor: Gerson Aragão
Editor: Roberta Densa
Diretor Acadêmico: Leonardo Pereira
Revisora Sênior: Georgia Renata Dias
Revisora: Luciana Pimenta
Capa: Leonardo Hermano
Projeto Gráfico e Diagramação: Ladislau Lima
Impressão miolo e capa: Gráfica MASSONI

Dados Internacionais de Catalogação na Publicação (CIP)
Vagner Rodolfo CRB-8/9410

A659c

Aragão, Gerson

Como ter sucesso em concursos e viver a vida que você merece / Gerson Aragão. - Indaiatuba, SP : Editora Foco, 2018.

ISBN: 978-85-8242-173-4

1. Metodologia de estudo. 2. Concursos Públicos. 3. Sucesso. I. Título.

2017-651   CDD 001.4   CDU 001.8

Índices para Catálogo Sistemático:

1. Metodologia de estudo 001.4   2. Metodologia de estudo 001.8

DIREITOS AUTORAIS: É proibida a reprodução parcial ou total desta publicação, por qualquer forma ou meio, sem a prévia autorização da Editora Foco, com exceção do teor das questões de concursos públicos que, por serem atos oficiais, não são protegidas como Direitos Autorais, na forma do Artigo 8º, IV, da Lei 9.610/1998. Referida vedação se estende às características gráficas da obra e sua editoração. A punição para a violação dos Direitos Autorais é crime previsto no Artigo 184 do Código Penal e as sanções civis às violações dos Direitos Autorais estão previstas nos Artigos 101 a 110 da Lei 9.610/1998.

NOTAS DA EDITORA:

Atualizações do Conteúdo: A presente obra é vendida como está, atualizada até a data do seu fechamento, informação que consta na página II do livro. Havendo a publicação de legislação de suma relevância, a editora, de forma discricionária, se empenhará em disponibilizar atualização futura. Os comentários das questões são de responsabilidade dos autores.

Bônus ou *Capítulo On-line*: Excepcionalmente, algumas obras da editora trazem conteúdo extra no *on-line*, que é parte integrante do livro, cujo acesso será disponibilizado durante a vigência da edição da obra.

Erratas: A Editora se compromete a disponibilizar no site www.editorafoco.com.br, na seção Atualizações, eventuais erratas por razões de erros técnicos ou de conteúdo. Solicitamos, outrossim, que o leitor faça a gentileza de colaborar com a perfeição da obra, comunicando eventual erro encontrado por meio de mensagem para contato@editorafoco.com.br. O acesso será disponibilizado durante a vigência da edição da obra.

Impresso no Brasil (11.2017) • Data de Fechamento (10.2017)

2018
Todos os direitos reservados à
Editora Foco Jurídico Ltda.
Al. Júpiter, 542 – American Park Distrito Industrial
CEP 13347-653 – Indaiatuba – SP
E-mail: contato@editorafoco.com.br
www.editorafoco.com.br

PREFÁCIO

A discussão a respeito dos métodos de preparação para concursos públicos, em geral, causa reações extremadas nas pessoas: de um lado, há os que pregam a existência de fórmulas mágicas que garantiriam a aprovação como um evento futuro e certo; de outro, os incrédulos, que defendem que não existe método e que para ser aprovado em um concurso basta sentar na cadeira e estudar bastante.

É preciso ter equilíbrio entre as duas posições.

Não existem fórmulas mágicas e ninguém poderá garantir a sua aprovação. No entanto, é possível sim identificar a existência de um conjunto de comportamentos, técnicas e etapas que poderão tornar a sua preparação muito mais eficiente, aumentando estatisticamente suas chances de ser aprovado. A isso, denomina-se método.

A palavra método provém do termo grego *methodos*, que significa "caminho". Dessa forma, ter um método é como seguir um mapa feito por alguém que já percorreu aquele caminho e, por isso, sabe onde há perigos e atalhos, além de poder indicar o melhor meio de transporte para fazer essa jornada.

O método tem a ver, portanto, com experiência. Mas não é só.

Algumas experiências funcionaram com uma determinada pessoa, mas isso não significa que funcione com a maioria. Por essa razão, a construção de um método não pode ser baseada apenas na experiência, devendo ser feita com amparo em estudos científicos que comprovem que aqueles passos são os mais eficientes para a maioria das pessoas chegar àquele caminho.

Dessa forma, para uma pessoa construir um método não basta compartilhar suas experiências de aprovação. Elas são extremamente valiosas, mas são apenas a metade do caminho. Tais experiências precisam ser sistematizadas, organizadas e, sobretudo, precisam passar pela verificação científica de sua validade.

Penso que este seja o grande diferencial do trabalho do Prof. Gérson Aragão e de seu Método de Aprovação.

Aqui, além das experiências pessoais do Prof. Gérson, em sua vitoriosa trajetória de aprovação nos concursos, temos uma sólida pesquisa científica sobre as técnicas mais eficientes e modernas de estudo.

De uma forma leve e sem que o leitor perceba conscientemente, o Prof. Gerson aplica, em suas lições, técnicas avançadas de programação neurolinguística, de neurociência, de *mindset* e de memorização, o que certamente enriquece a obra e a diferencia de um mero diário do aprovado.

Além dos conceitos teóricos, o livro é repleto de ensinamentos práticos, que vão desde a escolha do material a ser estudado, passando por orientações sobre como grifar um Vade Mecum, e chegando até o dia da prova, com dicas até mesmo de como assinalar as questões na prova objetiva.

Nestas lições, o Prof. Gerson desconstrói inúmeros mitos, fornece valiosíssimas lições e, principalmente, busca fazer com que você mude a sua forma de pensar.

Este é o Método de Aprovação.

Márcio André Lopes Cavalcante
Juiz Federal. Foi Defensor Público,
Promotor de Justiça e Procurador do Estado.

NOTAS À PRIMEIRA EDIÇÃO

Junho de 2016.

Entro em um avião com destino a Campinas para conversar com os donos da Editora Foco. À mesa de um restaurante do Shopping, após uma boa conversa, me comprometi a entregar um livro sobre concursos em 3 meses.

Parecia-me algo muito simples, pois boa parte das ideias já estavam formatadas em minha mente. Mas na prática...

Um ano depois termino o livro e isso me fez lembrar como foi meu início em concursos. Em minha mente, seria somente estudar que tudo ocorreria da forma planejada. Bem, não foi isso que a prática me mostrou. Estudar foi apenas um dos pilares da aprovação. Aliado a isso, precisei de uma mentalidade forte e estratégias voltadas para os concursos. De outro modo teria desistido ou nunca sido aprovado.

É exatamente isso que mostro ao longo deste livro: princípios que consciente ou inconscientemente incorporei em minha vida e dificuldades que tive que superar até a aprovação. Só quem faz concursos sabe o que se passa em nossa mente durante o período de estudos. É uma luta, principalmente mental, contra si mesmo. Mas que ao final vale a pena.

Nessa luta, contei com ajuda de muitas pessoas. Esse é o ultimo pilar. Não construímos nada sozinhos. Nessa caminhada, gostaria de agradecer a algumas pessoas especiais.

Meus pais Aragão e Elvira, por serem os exemplos de minha vida; a minha esposa Marcela, por ter me apoiado incansavelmente desde a época dos meus estudos para concursos até hoje; aos meus parceiros e amigos Márcio Cavalcante, por ter revisado inúmeras vezes este livro; Fabiano Melo, por ter me apresentado à Editora Foco;

Luiz Flávio Gomes, pelo apoio em meus projetos; Soares Neto, por todas as sugestões; José Jaime e Aroldo Sávio, por todo tempo que estudamos juntos até sermos todos Defensores Públicos; e a todos que direta ou indiretamente me apoiaram até hoje.

Meu muito obrigado.
27.11.2017

Gerson Aragão

SUMÁRIO

PREFÁCIO.. 1

NOTAS À PRIMEIRA EDIÇÃO................................ 3

PARTE I – PRINCÍPIOS DOS APROVADOS............ 9
1. INTRODUÇÃO E OS 4 ASPECTOS ESSENCIAIS DA APROVAÇÃO.. 9
2. TENHO UMA PROMESSA PARA VOCÊ!..................... 12
3. COMO SABER SE SEREI APROVADO? 10 PRINCÍPIOS... 15
   - 3.1. O futuro está em suas mãos? – Tenha um objetivo claro, preciso e assuma compromissos................... 17
   - 3.2. Qual o tamanho de seus pensamentos? – Pense grande.. 19
   - 3.3. Você enxerga as oportunidades? – Foco na solução.. 20
   - 3.4. Você inveja quem está indo bem? Seu pior inimigo.. 21
   - 3.5. Você escolhe bem suas companhias?.................. 22
   - 3.6. O que o fracasso representa para você? – Aprenda com seus erros.. 23
   - 3.7. Você sabe administrar seu tempo? – Princípio eisenhower | o erro mais comum................................ 24
   - 3.8. Você é corajoso(a)? Confie em você..................... 28
      - 3.8.1. Medo de não ser aprovado........................ 29

3.8.2.	Medo das críticas ao não obter os resultados............	30
3.8.3.	Medo de estar perdendo tempo e a vida passar............	30
3.8.4.	Medo de ser comparado com outros concurseiros............	31
3.8.5.	Medo de fazer diferente do que a maioria faz............	31
3.9.	Como você se comporta em situações de grande felicidade ou tristeza? – A chave do autocontrole	32
3.10.	Você Está Disposto A Mudar? – Modele Quem Foi Aprovado	33

PARTE II – EXPERIÊNCIAS PESSOAIS............ 35

1. AS 3 REGRAS QUE EU GOSTARIA DE SABER QUANDO COMECEI A ESTUDAR PARA CONCURSOS 35
2. COMO NÃO ENLOUQUECER COM O EDITAL 37
3. O MITO DA INTELIGÊNCIA EM CONCURSOS............ 40
4. COMO FUNCIONA O PROCESSO DE MEMORIZAÇÃO 44
5. FORMA DE PENSAR PARA CONCURSOS 47
6. ANOTAÇÕES DE AULA............ 49
7. SÓ PASSA EM CONCURSOS QUEM ESTUDA 10 HORAS POR DIA?............ 51
8. QUANDO NÃO ESTUDAR 54
9. GRUPO DE ESTUDOS FUNCIONA?............ 56
10. SONO E ESTUDOS 58
11. QUEM NUNCA ESTUDOU NA CAMA?............ 59
12. LIVROS QUE NÃO LI............ 61
13. DIA DE FAZER NADA 62
14. ESCOLHA DO MATERIAL 63
15. COMO GRIFAVA MEU VADE MECUM 65
16. COMO ME CONCENTRAVA NOS ESTUDOS 66

17. CICLO DE ESTUDOS E CONCENTRAÇÃO 68
18. INTERVALO DE ESTUDO... 72
19. CHUTE TÉCNICO EM CONCURSOS 74
20. ROTEIRO DE ESTUDOS [ESTUDO ATIVO] 76
21. ANTES DE DORMIR... 81
22. FUTURO EM CONCURSOS... 83
23. SEU DIA VAI CHEGAR 85
24. COMO FAZER MAIS COM MENOS EM CONCURSOS... 86
25. 10 CURIOSIDADES E MITOS SOBRE CONCURSOS 90
26. EM RESUMO... 91
27. GURU 92

CONCLUSÃO.. 93

PARTE I
PRINCÍPIOS DOS APROVADOS

1. INTRODUÇÃO E OS 4 ASPECTOS ESSENCIAIS DA APROVAÇÃO

"Se você acha que a instrução é cara, experimente a ignorância" - Benjamin Franklin.

Atualmente uma imensidão de pessoas está interessada em concursos públicos, devido à estabilidade financeira, segurança e liberdade nos fins de semana.

Uma pesquisa recente demonstrou que milhões de pessoas estão estudando para concursos atualmente.

Em meio a tanta gente com o mesmo objetivo, **como você pode se diferenciar? Como estudar o mesmo que os outros ou até menos, por causa do trabalho, por exemplo, e ainda obter melhores resultados?**

A solução para isso, sem dúvida nenhuma, é ser estratégico. Esta é a chave para ser diferente e melhor que a maioria, pois você dificilmente conseguirá resultados expressivos fazendo apenas o que todos fazem.

Neste livro vou mostrar os princípios que segui, mesmo que muitas vezes de forma inconsciente, e histórias de minha vida de concurso que foram a semente das estratégias que utilizei para ser aprovado em concursos. As mesmas que meus alunos utilizam hoje em dia **para serem aprovados** nos mais diversos concursos, como Defensoria, Tribunal de Justiça, Ministério Público, Procuradorias,

Tribunal Regional Eleitoral, Tribunal de Contas, OAB, Prefeituras, enfim, nos mais variados cargos.

Não pretendo ter como foco principal aspectos do dia a dia de estudos, nem muitas tecnicidades, muito comuns em livros de concursos. **Meu principal objetivo neste livro é que você entenda os princípios e estratégias que me levaram a aprovação.** Mas você pode encontrar várias dicas sobre vários temas de concurso no meu canal do youtube (http://bitly.com/gersonyoutube). Será um ótimo complemento para este livro.

Antes de entrar nos princípios, gostaria que você entendesse que qualquer pessoa que vai estudar para concurso precisa cuidar de **4 aspectos**, sem os quais o caminho do sucesso será muito mais difícil. Você vai ver que a enorme maioria dos que estudam para concursos não dá muita importância a esses aspectos, que podem ser o grande diferencial.

O **primeiro aspecto** é a **mente**.

Sem uma **mentalidade forte e adequada** para enfrentar o que vem pela frente, as chances de desistência são muito grandes. Muitos aspectos mentais que explico na primeira parte deste livro podem mudar sua forma de pensar sobre concursos e, como consequência, aumentar sua força mental para fazer o que é preciso e cumprir as etapas necessárias para aprovação.

É muito comum ouvir de meus alunos que essas estratégias modificam suas visões e percepções sobre qual postura mental adotar no caminho dos estudos. A mudança da forma de pensar, aliada à força mental que você vai adquirir, permitirá seguir em frente com consistência nessa jornada da aprovação.

Quase ninguém se preocupa com o fortalecimento mental. Muitos chegam a confundir com aulas motivacionais, mas na verdade ter uma mentalidade vencedora, para tudo, inclusive concursos, parte de dentro de nós, de um reconhecimento de quem somos, para podermos modificar nossas crenças e, por conseguinte, nossa forma de encarar as dificuldades que virão pela frente. Isso você vai começar a aprender aqui junto comigo.

O **segundo aspecto** é a **estratégia**.

Por mais que tenhamos uma mente forte é **preciso estudar de modo eficiente e sentir o progresso** ao longo do tempo.

É exatamente aí que entra a estratégia. Saber como priorizar os assuntos mais relevantes, entender como elaborar um ciclo de estudos eficaz, resolver questões de modo eficiente, resumir e revisar para não esquecer o conteúdo são estratégias essenciais para sistematizar os estudos de forma correta.

Esse tipo de conhecimento, apesar de algumas pessoas buscarem, poucas conseguem aplicar realmente. Essa é uma grande diferença daqueles que obtêm sucesso em concursos. Mas não se preocupe, pois aqui nós vamos dar os primeiros passos juntos por meio de várias histórias de minha vida, na segunda parte deste livro.

O **terceiro aspecto** são **as técnicas de estudo**.

Depois que você entende por que está estudando e sabe quais estratégias seguir, é importante utilizar as técnicas mais adequadas para concursos, a exemplo de técnicas de concentração, de estudo e de memorização mais adequadas para concursos. Escrevo sobre isso também na segunda parte do livro.

Existem muitas técnicas e, na maioria das vezes, o que ocorre é uma confusão mental. Que técnica de estudo utilizar? Utilizo todas as técnicas de memorização para concurso? Como funciona o processo de memorização?

Eu passei por isso quando estudei para concursos e perdi muito tempo até entender o que melhor funcionou para mim. É muito provável que funcione para você também.

O **quarto** e último **aspecto** é a **prática**.

A prática consiste em mudar sua forma de pensar efetivamente, colocar em aplicação as estratégias, técnicas e estudar com afinco para realizar o seu sonho.

Acontece que a esmagadora maioria dos concurseiros possui uma crença de que este é o único aspecto que deve ser levado em consideração na preparação para concursos. Quem nunca ouviu a seguinte frase: *"Para passar em concursos é só sentar a bunda na cadeira e estudar"*?

Entenda o que quero explicar aqui. Não há nada de errado em sentar a "bunda" na cadeira e estudar. Muito pelo contrário, você deve fazer isso. Mas pensar que é apenas estudar, sem estar preparado mentalmente, ter estratégias e técnicas é o mesmo que dizer que para alguém ser campeão de natação basta apenas nadar com afinco. Veja o exemplo de Michael Phelps, um dos maiores campeões da história da natação, e a importância que ele dá aos aspectos mentais em sua preparação e que nada têm a ver com o ato de nadar em si (*"The Mental Strategies Michael Phelps Uses To Dominate The Competition"* da Revista *Bussines Insider*).

Ainda posso citar o exemplo de vários alunos meus, dentre eles Clarissa Lima, aprovada para Defensora Pública, que pensava dessa mesma forma.

Este foi o caminho que trilhei. Ao longo dos últimos anos dediquei-me a sistematizar esses passos construindo um verdadeiro método de aprovação que tem ajudado milhares de alunos. O próximo APROVADO será você.

2. TENHO UMA PROMESSA PARA VOCÊ!

Minha promessa para você neste livro é mostrar que é possível atingir **a aprovação no concurso que você deseja de forma mais rápida e eficiente**. O início dessa jornada é entender o que os **aprovados fizeram, por isso trago aqui princípios e experiências.**

Eu passei por esse caminho e hoje sou Defensor Público. Muitos de meus alunos também foram aprovados seguindo a mesma metodologia que apliquei e refinei ao longo dos anos.

Um método que permitiu um **estudo eficiente, superando sentimentos** como preguiça, indisposição, falta de tempo, dificuldade de memorização, falta de concentração, problemas de planejamento, resumo e revisão.

Você pode encontrar em meu canal do youtube várias histórias de sucesso de meus alunos, para os mais diversos cargos. Você vai observar que as mesmas dificuldades que está passando agora, eles passaram, mas superaram e atingiram seus objetivos.

QUEM É GERSON ARAGÃO?

Eu sei que você pode estar se perguntando agora: mas quem é esse cara para me dizer como devo estudar para concursos?

Esta é uma pergunta muito justa, por isso gostaria que você conhecesse um pouco mais sobre mim e minha história em concursos.

Meus pais são de municípios diferentes de Sergipe, o menor Estado do Brasil. Meu pai é de Estância, interior, e vem de uma família pobre. Minha mãe de um lar humilde na capital.

Meu pai queria ser médico, apesar de meus avós sempre dizerem que *"só poderia se tornar médico quem fosse de família rica"*. Ele teve que enfrentar várias dificuldades para poder estudar no interior, como muitas vezes precisar utilizar vela para ler os livros.

Veio para Aracaju na década de 70 para fazer o vestibular de Medicina. Conheceu minha mãe, que foi aprovada na sua segunda tentativa no vestibular.

Estou escrevendo sobre isso para dizer que meus pais sempre deram muito valor aos estudos. Como já fui criado no seio de uma família de classe média e a educação sempre foi prioridade, estudei em bons colégios e me formei em faculdade particular.

Apesar de tudo isso, nunca fui um bom aluno. Sempre tirei apenas as notas médias para ser aprovado, inclusive na faculdade. Quando me formei, percebi que não tinha nada.

O bacharel em direito, quando se forma, não pode fazer nada, a não ser que seja aprovado no exame da ordem, passe em um concurso ou continue a carreira acadêmica para lecionar.

Eu não tinha nada disso, e o pior: não tinha dado o valor a tudo que meus pais tinham feito por mim até o momento. Eles investiram muito em mim, mas pouco retribuí.

Dentre as opções que tinha, decidi fazer concursos. Mas, como você já pode imaginar, sendo um aluno medíocre, como iria enfrentar essa batalha?

Na época, para mim, o pensamento foi simples. **É só me esforçar e estudar com afinco que tudo vai dar certo.** Foi o que comecei a fazer.

Acontece que é fácil pensar assim, mas, na prática, é difícil agir dessa forma. Estudar muitas horas por dia, lendo vários livros, não deu o resultado que eu esperava.

Algo estava muito errado. Agora eu me esforçava muito, mas as aprovações que tanto desejava não estavam nem perto de acontecer.

Foi aí que eu parei tudo e comecei a racionar sobre como estudar para concursos. Comprei vários livros, pesquisei bastante e passei a analisar com profundidade as histórias dos aprovados em concursos.

Comecei, então, a traçar estratégias no campo de batalha dos concursos. Muito do que aprendi não serviu de nada, mas algumas coisas se provaram extremamente efetivas. Foram esses princípios e estratégias que começaram a fazer a diferença nos concursos que ia prestando e a evolução do meu desempenho foi incrível.

Durante esse período, passei a entender os fundamentos de uma estratégia sólida de estudos para concursos e obtive aprovações para Analista do Ministério Público e Tribunal de Justiça. Logo depois, já trabalhando como analista ministerial, fui aprovado para Defensor Público na Bahia.

Nesse momento, senti que poderia me "aposentar" da "condição" de concurseiro. Com vencimentos de quase R$ 20.000,00 sabia que teria tranquilidade para constituir minha família.

Mas a vida sempre nos traz surpresas. Enquanto esperava minha nomeação para Defensoria da Bahia e ainda trabalhava como analista no Ministério Público, soube que o concurso para Defensor para Sergipe seria aberto e eu estava há mais de 1 ano sem estudar.

Ser Defensor Público sempre foi o meu objetivo e conseguir isso no meu Estado natal era mais que um sonho. Como conseguir, no entanto, se eu havia "abandonado" a preparação para concursos?

Simples. Com as mesmas estratégias. Foi então que coloquei em prática todas as técnicas que aprendi e fui novamente aprovado.

O que quero mostrar com minha história é que mesmo sendo um aluno mediano, ao corrigir minhas falhas de estudo, consegui ser aprovado duas vezes no concurso que desejava.

O que vou lhe mostrar aqui são os princípios que me guiaram durante esse processo e muitas histórias de minha vida. São momentos em que você pode estar passando agora e que podem te ajudar a superar suas dificuldades.

3. COMO SABER SE SEREI APROVADO? 10 PRINCÍPIOS.

Quando comecei a estudar para concursos fazia isso com um amigo meu. Nós íamos para o cursinho juntos e trocávamos experiências de estudos.

Mas algo interessante aconteceu. Ele foi aprovado no primeiro concurso que fez e, ao invés de ficar feliz pelo sucesso dele, não foi isso que senti.

Na verdade, me peguei invejando seu sucesso e triste com sua aprovação. Apesar de não demonstrar isso para ele, no fundo era o que sentia. Além disso, para piorar esse sentimento negativo, pessoas próximas, como parentes e amigos, logo faziam comparações.

Não sei se você já teve essa experiência, mas alguma vez um parente seu perguntou por que você ainda não passou? Ou ainda disse: *"Mas fulano passou no concurso tal. Quando é que você vai passar?"* Se você já teve que ouvir isso, saiba que sei exatamente como você se sente. Mas a inveja de quem passou, a tristeza e a raiva de quem fala não é a resposta para sua aprovação.

Quando você entra nesse estado, nada de bom é produzido em seu interior. Muito pelo contrário, pois é impossível alcançar os mesmos resultados de quem você rejeita.

Só depois fui entender isso. O que gera a aprovação dos outros é o caminho para o seu sucesso em concursos também.

Esse é um dos 10 princípios que vou explicar nas próximas páginas. São princípios que todas as pessoas aprovadas em concursos têm em comum.

São princípios mentais, que você pode ter ou não no momento. Mas que podem ser adquiridos, desde que se tenha ciência de qual é o seu estado mental atual.

Foram essas características ou princípios que inconscientemente me guiaram. Alguns eu tinha, outros adquiri com experiência. Você pode fazer o mesmo. Não apenas para concursos, mas para a maioria das coisas da vida.

Essas características, percebi ao longo dos anos, não só com meus alunos, mas também com vários concurseiros de sucesso com quem convivi. O mais interessante é que depois, parando para estudar sobre o assunto, tudo isso já foi sistematizado de alguma forma para outros campos da vida, desde 1945, a exemplo do clássico livro de Napoleon Hill, a *Lei do Triunfo*, e por vários outros autores que o seguiram, como Anthony Robbins, Kelly McGonigal, Sarah Lewis e Jacob Pétry, em diferentes aspectos da vida. Eles são as bases bibliográficas da minha sistematização neste capítulo.

Antes de iniciar, contudo, considero importante fazer uma observação. A maioria das pessoas acredita que passar em concursos é questão apenas de estudo. Algumas até já entendem a importância de ter uma estratégia e estudar com técnicas, mas quase ninguém dá importância ao aspecto mental.

A estratégia vai trazer para você a possibilidade de estudar com mais eficiência, mas serão os pensamentos adequados que o manterão firme até alcançar o objetivo final.

Por isso, vou apresentar a você os 10 princípios mentais mais importantes. Se você implementar esses princípios em sua vida, em conjunto com seus estudos e com as estratégias deste livro, suas possibilidades de sucesso aumentarão muito.

3.1. O futuro está em suas mãos? – Tenha um objetivo claro, preciso e assuma compromissos.

"A vida que eu levo é a vida escrita por mim, não por destino, não por código genético" – Leandro Karnal

Quando você faz um concurso e não é aprovado, você acredita que isso simplesmente aconteceu em sua vida ou que esse fracasso foi decorrência dos seus próprios atos?

Essa é uma das grandes diferenças entre quem tem sucesso em concurso e os que não têm. Os que alcançam o sucesso constroem a sua caminhada até ele. **Assumem a responsabilidade e não se queixam.**

Por outro lado, quem não tem uma mentalidade voltada para o sucesso tem o hábito de colocar a culpa nos outros. Sempre usa as dificuldades que enfrenta como justificativa. São muito comuns frases do tipo: "Não tive tempo para estudar", "Caiu um assunto que eu não sabia", "A concorrência foi muito grande", "Só passa quem é inteligente". Essas desculpas, na verdade, estão apenas lhe afastando dos seus objetivos.

Tenho alunos que enfrentam grandes concorrências, estudam e trabalham, possuem poucos recursos, o ambiente em casa é ruim e mesmo assim são aprovados. Por que isso ocorre mesmo quando todas as situações não estão a favor?

Você pode se justificar colocando a culpa nas circunstâncias e nos outros ou assumir a responsabilidade e ir em frente. Se você vive dando desculpas para o seu insucesso, comece a eliminar isso de sua vida imediatamente. Este é primeiro passo para uma trajetória bem-sucedida em concursos.

Passe também a dar menos importância às pessoas que pensam assim. Tente se afastar dessas pessoas nos momentos de estudo. Às vezes, pode ser um amigo ou um parente que lhe leva para baixo.

Quando você entende que somente as suas ações vão lhe colocar onde deseja, é preciso definir de forma clara e precisa onde você vai querer chegar.

Defina claramente o que você quer ser e qual o cargo vai ocupar. Visualize sua rotina diária de estudos, suas metas sendo cumpridas, a realização da prova, a aprovação, sua posse e sua vida depois de tudo. O carro que vai comprar, a casa ou apartamento onde vai morar. Veja os detalhes de tudo isso. Esse filme, quanto mais claro em sua mente, vai lhe dar o norte de qual será o percurso para alcançar os seus objetivos e a motivação para chegar até lá.

Na minha época de estudos, eu só consegui ser aprovado de forma mais rápida e eficiente quando defini um concurso e fui até a aprovação. Isso ocorreu primeiro para Analista. Fui aprovado para Analista do Ministério Público e do Tribunal de Justiça de Sergipe. Logo depois, quando defini que meu objetivo era Defensoria Pública, fui aprovado para Defensor na Bahia e em Sergipe.

Ter um objetivo claro e assumir a responsabilidade pelos seus atos é o primeiro passo para definir toda a programação que será feita para chegar lá.

Quem é aprovado em concurso arca com a responsabilidade pela aprovação. É um compromisso que se assume para a vida. Você acredita que já assumiu essa missão?

Para saber se você está realmente incumbindo-se do compromisso com a sua aprovação, precisa se fazer duas perguntas:

1. Você se dedica sem restrições?
2. Você dá 100% do que pode?

É importante deixar bem claro aqui que "dedicação sem restrições" e "dar tudo de si" não significa ter que estudar 10 horas por dia, mas sim se concentrar e estudar com todo o seu empenho, no máximo tempo possível, diante das suas circunstâncias de vida.

Esse tipo de pensamento foi muito bem explicado pelo filósofo Mário Sérgio Cortella:

"Faça o melhor nas condições que tem enquanto não tem condições melhores para fazer melhor ainda".

Quando você se compromete com seus objetivos e traça um planejamento estratégico para seguir em frente até a aprovação, nada o segura.

PARTE I – PRINCÍPIOS DOS APROVADOS

Seu compromisso é com a qualidade do seu estudo, em fazer o melhor, sem restrições e dando tudo de si com consistência. É essa consistência que o levará à aprovação.

Quando você criar o seu planejamento estratégico e definir suas metas de curto, médio e longo prazo, e o tempo que poderá estudar por dia, honrará o compromisso de fazer isso até ser aprovado? Você se compromete com isso? Você se responsabiliza por isso?

Se você estiver determinado e se responsabilizar, o segundo passo será dado para alinhar sua mente para o sucesso.

3.2. Qual o tamanho de seus pensamentos? – Pense grande

"Mire na lua, pois se você errar acertará as estrelas" – David Schuwartz

No que você pensa antes ou depois de estudar? Pensa na sua aprovação? Imagina-se tomando posse? Qual a colocação em que você se vê na lista dos aprovados?

Quando você tem um pensamento voltado para a prosperidade, sua mente cria as condições necessárias para realizar o que você deseja.

Claro que seus resultados dependerão do esforço eficiente que você empregar, mas toda vez que seus objetivos são voltados para algo grandioso, sua movimentação de energia nesse sentido será naturalmente maior.

Pense no seguinte exemplo. Se eu pedisse para que você se preparasse para correr 5 quilômetros em 1 mês, como seria sua preparação? Andaria 500 metros e correria mais 500 metros nos primeiros dias, com uma semana estaria correndo 1 quilômetro e andando mais 1 quilômetro. No final da 2ª semana já estaria tentando correr 2 quilômetros consecutivos e assim por diante, correto? Agora se em nosso encontro daqui a um mês eu lhe dissesse que seu objetivo para comigo seria na realidade correr 2 quilômetros apenas, não ficaria bem mais fácil? Mesmo que em 1 mês você não conseguisse correr os 5 quilômetros planejados, com certeza completaria os 2 quilômetros necessários.

Com seus estudos é da mesma forma. Quão grande são os seus objetivos ao estudar? Se prepara para ser o primeiro? Para acertar 90% da prova?

Esse tipo de pensamento vai lhe levar muito mais rápido à aprovação, pois mesmo que você não alcance as metas grandiosas, o que for feito, muitas vezes, será o suficiente para ser aprovado.

Eu sempre estudava para ser o primeiro colocado, apesar de nunca ter sido. Mas esse tipo de pensamento permitiu minhas aprovações e convocações. Por isso, pense grande.

3.3. Você enxerga as oportunidades? – Foco na solução

"O homem deve criar as oportunidades e não somente encontrá-las"
- Francis Bacon

Enquanto está estudando, enfrentando toda essa caminhada para o seu concurso, você foca sua atenção nos obstáculos ou nas oportunidades? Você enxerga problemas ou soluções?

Para que isso fique claro vou dar um exemplo. Enquanto escrevo este livro, o Brasil passa por uma crise no setor público. Só se fala em ajuste fiscal e corte de despesas, consequentemente, em redução nas vagas para concursos. Recentemente houve até suspensão dos concursos federais. Isso foi algo que aconteceu também em minha época de estudos para concursos. É um ciclo que parece sempre se repetir no Brasil de tempos em tempos.

Mas em meio a essa crise é muito comum ouvir frases assim: *"Vai ficar mais difícil fazer concursos"*; *"Serão poucas vagas a partir de agora"*; *"Vou esperar para quando essa crise passar"*. Esse é um tipo de pensamento muito comum de quem tem o foco nos obstáculos, nos problemas.

As pessoas que têm o foco nas oportunidades pensam de forma totalmente diferente e, por essa razão, tendem a ser aprovadas. Veja alguns exemplos do pensamento de quem tem foco nas oportunidades: *"Terei mais tempo para estudar até abrir o edital do concurso que desejo"*; *"Muitas pessoas vão desistir, por isso vou continuar a estudar"*;

PARTE I – PRINCÍPIOS DOS APROVADOS

"Quando os concursos voltarem já estarei mais preparado". Percebeu a diferença?

Por que diante da mesma situação as pessoas pensam de formas tão diferentes? Por que em um cenário aparentemente tão triste e desestimulador, alguns se mantêm otimistas nos seus objetivos? Simples. Isso ocorre porque algumas pessoas têm a mente voltada para oportunidades e muitas outras têm o pensamento direcionado para os obstáculos. Qual delas você acha que terá sucesso em concursos no futuro próximo?

Essa diferença de mentalidade pode te destruir ou te levar para onde deseja. Por isso, foque sempre nas oportunidades e nas soluções.

3.4. Você inveja quem está indo bem? Seu pior inimigo

"Há poucos homens capazes de prestar homenagem ao sucesso de um amigo, sem qualquer inveja" - Ésquilo

Inveja é o sentimento de raiva em relação ao sucesso alheio. Diferente de cobiça, que é desejar o que o outro possui.

Essa distinção é importante, pois a inveja envolve sentimentos extremamente negativos como raiva e desprezo.

Quando se está estudando para concursos sempre tem alguns colegas que começam a se destacar mais rapidamente. Isso é muito comum. E assim que isso acontece você pode ter dois tipos de pensamento: ter inveja ou se aproximar dessas pessoas que estão se preparando para alcançar seus objetivos.

Dentre várias razões, a inveja lhe fará muito mal por um simples motivo: **você nunca será igual a quem despreza**. Se inveja quem está se dando bem, quem está sendo aprovado, você não conseguirá o mesmo porque sua mente vai de encontro a isso.

Sei que é algo não muito simples de se livrar. Ainda mais quando pessoas próximas a você começam a lhe comparar com quem é aprovado. Expliquei isso no início desse capítulo e entendo perfeitamente a situação, mas esse caminho só o levará à derrota e ao sofrimento.

Se você já assistiu a série de filmes "Star Wars", conhece uma das frases mais celebres e verdadeiras do Mestre Yoda: *"A raiva leva ao ódio e o ódio leva ao sofrimento*". Por isso, se houver dentro de você algum tipo de sentimento ruim, seu objetivo a partir de agora é se livrar desse tipo de sentimento para ter sucesso em concursos.

Alie-se a quem tem sucesso e peça ajuda. Com certeza esses concurseiros ou aprovados estarão dispostos a te ajudar.

3.5. Você escolhe bem suas companhias?

"Você é a média das 5 pessoas com quem você mais convive" - Jim Rohn

"Diga-me com quem andas e te direi quem és!" Esse é um provérbio antigo que se aplica perfeitamente para concurso.

Para que você possa fazer essa análise responda à seguinte pergunta: as pessoas que estão próximas a você, parentes ou grupos de estudos, são de que tipo? Reclamam de tudo ou são positivas? Não realizam as coisas ou são pessoas de sucesso em suas atividades?

Isso é algo muito importante, pois pessoas positivas elevam a sua energia para realizar seus objetivos, enquanto pessoas negativas lhe levam para o que há de pior dentro de você e lhe afastam dos seus sonhos.

Faça um exercício mental e imagine pessoas positivas e negativas que convivem com você. Agora pense em como você se sente ao lado delas. O que elas lhe inspiram? Vontade de viver a vida ou de desistir? Alegria ou tristeza? Com sentimento de que pode crescer na vida ou que não merece um futuro melhor? Pensou? Por isso é tão importante se aproximar de pessoas positivas e tentar se afastar das negativas.

Pessoas negativas lhe colocam para baixo e não agregam em nada. Pessoas positivas lhe fazem bem e realizam as coisas, fazem você ir além.

Essa é uma característica que eu adquiri e foi a minha melhor época quando comecei a me cercar de pessoas positivas. Isso pode ser aplicado tanto às pessoas do seu convívio social, quanto às que estão do seu lado no momento dos estudos.

De meu grupo de estudos, quatro passaram para a Defensoria Pública, e um dos fatores para isso ocorrer foi o fato de que todos nós partilhamos a mesma positividade. Resultado: todos foram aprovados.

3.6. O que o fracasso representa para você? – Aprenda com seus erros

Como você se sente quando vai mal em uma prova? Quando não consegue responder às questões de um simulado? Ou quando um amigo faz uma pergunta sobre um determinado assunto e você não faz ideia do que se trata? Como você se sente? Sente-se mal? Vê isso como um grande problema?

A mentalidade de quem tem sucesso em concursos é enxergar isso como um problema a ser superado. Elas não se paralisam com o problema, mas pensam no que podem fazer para resolver a situação. Fazem com otimismo, pois sabem que vão superar as dificuldades. Um tropeço, um fracasso ou desvio é uma oportunidade para aprender e crescer.

E você, como encara os fracassos em concursos? Ou até mesmo os tropeços diários? O que vê nessas situações? Desânimo e revolta ou oportunidade de aprendizado e crescimento?

As pessoas que não têm sucesso veem tudo como obstáculo, com pessimismo, têm dúvida e sempre caem novamente. Elas enxergam o problema maior que a solução, com dificuldade em transpor as adversidades. Têm o foco no revés e não na superação.

Eu tinha um bloqueio muito grande em estudar português e precisava acertar de 85 a 95% das questões de língua portuguesa para ir bem na prova de Analista. Nessa época, eu dispunha de duas opções: 1. reclamar e dizer que era impossível chegar a esse nível de acerto; ou 2. encontrar uma solução para esse problema.

A solução que encontrei foi analisar todas as provas de português, ver o que estavam cobrando, o que eu precisava estudar com mais relevância, analisando para aprender a acertar nas provas. Ao fazer isso de forma regular e consistente, com o tempo, atingi o nível que precisava para ser aprovado.

Claro que durante o processo, até chegar nesse nível, ainda tive que passar por vários dilemas, como: demora inicial para aumentar o meu índice de acerto; mais dificuldade em certos assuntos de português; pensamentos do tipo: "Quem consegue acertar essa quantidade de questões é mais inteligente". Tudo isso passou pela minha mente, mas novamente eu só tinha duas opções: 1. entender esses obstáculos como barreiras e desistir, ou 2. perceber que tudo isso fazia parte do meu aprendizado e crescimento para atingir o meu objetivo.

Minha pergunta para você é: a partir de agora, como você vai encarar os fracassos e obstáculos? Depende apenas de você essa decisão.

3.7. Você sabe administrar seu tempo? – Princípio eisenhower | o erro mais comum

"Quando você diz que não tem tempo para algo é porque aquilo não é prioridade"- Mário Sérgio Cortella

Estudar para concurso exige analisar sua vida como um todo. Você precisa fazer uma lista de tudo que faz para verificar o que pode excluir para ter mais tempo e assim encontrar um equilíbrio entre trabalho, estudos e lazer. Se você não atingir esse equilíbrio, dificilmente vai conseguir estudar com qualidade.

Esse é um dos motivos pelos quais não é aconselhável tentar estudar de 10 a 12 horas por dia, mesmo que você tenha tempo, pois a falta de equilíbrio não permitirá a manutenção desse ritmo por muitos meses. Será algo extremamente cansativo, desgastante. Quem administra as suas tarefas de forma inteligente, tem mais chances de sucesso, porém antes é preciso entender sua natureza.

Dwight Eisenhower, ex-Presidente dos Estados Unidos, fez um célebre discurso em 1954. Em um trecho de sua fala ele disse: *"O que é importante é raramente urgente, e o que é urgente é raramente importante"*. Isso ficou conhecido como o *"Princípio Eisenhower"*.

Tudo que você faz na vida pode ser classificado como importante ou urgente. **Importante** é tudo aquilo que lhe aproxima do seu objetivo principal de vida. **Urgente** é tudo aquilo que precisa ser realizado de imediato. São exemplos de importância: exames regulares de saúde para prevenir doenças; exercícios constantes para ter mente e corpo sadios; planejamento de estudos para o concurso desejado. Exemplos de urgência: ir ao hospital quando sofre uma lesão grave nos exercícios; estudar às pressas, na véspera da prova.

Esse princípio gerou uma matriz, que, em qualquer situação, você precisará fazer duas perguntas para saber onde está e o que precisa fazer. São elas:

1. O que você vai fazer lhe levará ao seu objetivo principal? Se sim, é muito importante; se não é pouco importante.

2. O que você vai fazer precisa ser feito agora? Se sim, é muito urgente; se não é pouco urgente.

Dessa forma, você terá quatro quadrantes, como na imagem abaixo:

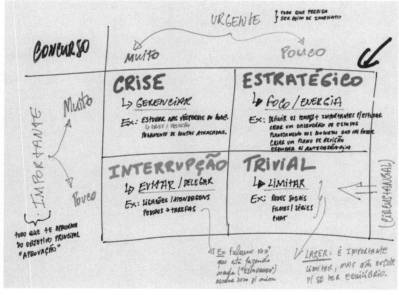

O **primeiro quadrante** é o da **CRISE**, tudo que é muito urgente e muito importante. Nele não há muito o que se possa fazer quando ocorre. É preciso agir e gerenciar a crise. Pode-se chegar nesse quadro devido a um evento inesperado, mas na maioria das vezes pode ser reduzido quando se é dada a devida atenção ao quadrante 2 (ESTRATÉGICO). Exemplos muito comuns do quadrante da crise são: ter que ir ao médico devido a uma lesão grave no exercício físico ou ter que estudar tudo às pressas, pois a prova do concurso está muito próxima. No primeiro caso, se fosse feito um alongamento, as chances de lesão seriam menores, e, no segundo, se fosse feito um planejamento de estudos com antecedência é bem provável que a pressão, às vésperas da prova para assimilar o conteúdo, fosse muito menor.

O **segundo quadrante** é o **ESTRATÉGICO**. Tudo que é importante, mas não é urgente, ou seja: é aquilo que lhe aproxima do seu objetivo, mas não é preciso fazer de imediato.

Justamente pela falta de imediatez, por ausência de urgência, muitos deixam de lado o aspecto estratégico nos estudos para concursos, porém se esquecem que logo depois terão que lidar com crises e pressão.

É exatamente nesse quadrante que é preciso ter foco e colocar sua energia. É aqui que é feito o alongamento que evita a lesão. Em termos de concursos, é neste momento em que você fará uma análise completa do seu concurso para definir o que estudar prioritariamente, criará um calendário, definirá suas metas, ajustará seus planos de revisão e iniciará seus estudos de forma antecipada e estratégica.

É importante lembrar aqui também que outros aspectos não relacionados a estudos devem ser observados, como cuidar preventivamente da saúde, pois quando não é dada a devida atenção no quadrante 2, pode vir a gerar uma doença e ir para o quadrante 1, da crise. Isso pode prejudicar, e muito, seus estudos, pois dificilmente conseguirá estudar. Por isso, os principais aspectos de sua vida devem ser analisados para que sejam minimizadas ao máximo as urgências e, por consequência, as crises.

O **terceiro quadrante** é o da **INTERRUPÇÃO**, tudo que é urgente, mas não é importante. Exemplo muito comum são ligações telefônicas. Temos um senso de muita urgência para atender esse tipo de chamado, entretanto, na maioria das vezes, não é nada importante. Outro exemplo muito comum são pedidos de amigos ou familiares: *"Fulano, você não está fazendo nada (estudando), faça isso para mim"*.

Tudo isso é interrupção de algo que está em nosso senso de urgência, por isso nos interrompe. Como não são importantes, o melhor a fazer nesses casos é evitar ou delegar. No caso da ligação telefônica, pode desligar o telefone ou colocar em outro local da casa enquanto estuda. Já no caso dos pedidos e solicitações, você pode pedir para não ser interrompido no momento do estudo ou até estudar em outro local, como em uma biblioteca. Essencial é não ser interrompido enquanto você está fazendo algo realmente importante, que é estudar.

O **quarto quadrante** é o **TRIVIAL**. Aqui está tudo que é pouco importante e pouco urgente, nem é preciso fazer de imediato e nem conduzir-lhe-á ao seu objetivo. Exemplos comuns são as distrações em redes sociais, jogos, filmes, séries e momentos de lazer de uma forma geral.

O propósito não é eliminar este quadrante, pois o lazer é fundamental para se ter equilíbrio na vida e, consequentemente, atingir seus objetivos. O que se deve fazer aqui é limitar suas atividades de acordo com suas prioridades.

Veja dois exemplos em que é possível equilibrar o estudo com atividades físicas e o lazer, para quem apenas estuda, e o trabalho, estudo, atividades físicas e lazer, para quem estuda e trabalha:

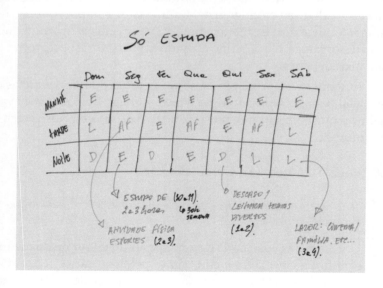

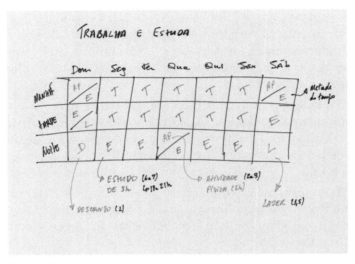

Nos dois exemplos acima, se você coloca sua energia no quadrante 2 (ESTRATÉGICO), será possível fazer um planejamento de estudos e ainda correr menos riscos de aparecer algo muito urgente para atrapalhar seu cronograma. Mesmo assim, é importante estruturar seu calendário de modo a prever que urgências ocorram mas não o desorganize. No próximo capítulo explico esse aspecto técnico com mais detalhes.

Entender esse princípio de administração do tempo/tarefas é essencial para ser bem-sucedido em concursos. Com ele, você vai definir o que é importante no seu objetivo de vida e priorizará até ser aprovado.

3.8. Você é corajoso(a)? Confie em você

"A coragem é a primeira das qualidades humanas porque garante todas as outras" - Aristóteles

Coragem é a **capacidade de agir *apesar* do temor ou do medo**. Não significa ausência do medo, muito pelo contrário. Todos nós temos medo de muitas coisas na vida, mas isso não pode nos paralisar.

Às vezes, o medo pode lhe impedir de fazer determinada prova, de ir a outro estado prestar um concurso, de tomar uma decisão de estudar fora de casa. Você pode estar até querer, porém o medo paralisa. Quem tem coragem sai da zona de conforto e consegue as melhores oportunidades.

Quais são os maiores medos de quem faz concursos? O que é que pode estar lhe paralisando no momento e o que é preciso para ter coragem de ir em frente?

Quando eu estudava para concurso, meu maior medo era não saber se todo meu esforço valeria à pena, ou seja, meu maior receio era o de não ser aprovado. Quando me deitava para dormir só isso vinha à mente: e se eu não conseguir? Se eu não for aprovado? Como vai ser minha vida?

Durante minha jornada, identifiquei os principais medos que meus alunos possuíam. Vou colocá-los aqui para derrubá-los um a um, junto com você.

Os 5 piores medos de quem faz concursos:

3.8.1. Medo de não ser aprovado.

O medo de não ser aprovado é o mais comum. Eu senti isso por muito tempo. Só de pensar nessa possibilidade eu já duvidava da minha capacidade. Ao perguntar aos meus amigos, descobri que esse é um temor comum a todos que fazem concursos.

O maior problema do medo é que ele paralisa. Se você deixar se influenciar por esse pavor, começará a ter o seguinte tipo de pensamento: "Se eu não tenho certeza de que serei aprovado, por que continuo estudando?" E essas reflexões vão lhe consumindo até o momento em que você simplesmente desiste de ir em frente. No final das contas, sem que perceba, o medo lhe paralisou e você não foi atrás do que realmente queria. Parou.

Essa é a diferença de quem tem coragem. O corajoso tem incertezas, mas segue em frente apesar delas. Esse é um dos fatores que vai garantir o seu sucesso. Depois de um tempo percebi o seguinte: não conheci ninguém que estudou de forma correta e não desistiu, não tenha alcançado a aprovação. Se você desistir, terá a garantia de que não chegará lá, por isso, siga em frente apesar dessa aparente insegurança.

3.8.2. Medo das críticas ao não obter os resultados.

O medo da crítica é um dos receios que mais paralisam as pessoas. Veja se você se identifica com algumas dessas situações ou pensamentos:

Você não diz o que estudou com medo do que vão falar? Ou que pensem: "Exibido(a) só diz que vive estudando, mas na hora do concurso não passa".

Você não explica o que sabe para as pessoas ao seu redor? Ou tem medo de que pensem: "Esse(a) faz pose que sabe tudo. Quero ver na hora da prova".

Saiba que o temor à crítica lhe impede de ser melhor. Perder a oportunidade de fazer um determinado concurso porque vão perguntar como você foi ou deixar de explicar um assunto para alguém, por receio de ser criticado, são exemplos em que o julgamento pode paralisar. Ao se expor, você estará sujeito a isso, mas você prefere ser paralisado pelo medo ou enfrentá-lo e atingir seus objetivos?

3.8.3. Medo de estar perdendo tempo e a vida passar.

Quando estamos estudando, muitas vezes só pensamos nisso e tentamos nos dedicar o máximo possível aos estudos. Em muitos casos o exagero toma conta. Isso aconteceu comigo e, algumas vezes, tentei estudar 8 a 10 horas por dia, pois achava que seria a única solução. Mas essa crença, de que é preciso estudar essa quantidade de tempo, gera dois problemas.

O primeiro, que explico com mais detalhes à frente, é a falta de equilíbrio, o que ocasionará uma fadiga tão grande que será muito difícil manter tal ritmo por um longo período de tempo. É justamente aí que começa o autoengano, já que não se consegue realmente se concentrar por tanto tempo. A maior parte do período passa a ser apenas "enrolação" e não estudo efetivo.

O segundo problema pode ser ainda pior, que é a sensação de estar perdendo a vida em detrimento dos estudos. Esse medo nos aflige devido à falta de equilíbrio.

Quando você equilibra suas atividades com seus estudos, esses dois problemas são resolvidos. Primeiro, você estudará efetivamente 2, 4 ou 6 horas por dia, não importa, desde que haja equilíbrio. Segundo, essa sensação, esse receio de que a vida está passando e você só está estudando também é eliminado.

3.8.4. Medo de ser comparado com outros concurseiros.

Esse é um temor terrível, pois ninguém deseja ser comparado com os outros, salvo se estivermos em melhor posição.

Você gosta quando algum parente pergunta: "Como foi na prova? O filho de um amigo meu passou e você?"

O pior é que esse tipo de situação vai além e gera tristeza, ressentimento e muitos outros sentimentos ruins. A melhor solução para isso é sempre se comparar com você mesmo, inclusive quando lhe fizerem esse tipo de pergunta.

O único fator que importa realmente é como estava o seu desempenho em questões/provas há 3 meses atrás e como está o seu desempenho agora. Este é o seu guia. Esta é sua baliza de progresso. É o meio de saber se você está caminho correto.

3.8.5. Medo de fazer diferente do que a maioria faz.

A maioria das pessoas, ao estudar para concurso, faz tudo do mesmo jeito. São os mesmos hábitos, as mesmas crenças e o mesmo modo de pensar. Pergunta: quem é aprovado em concursos? A maioria ou um pequeno grupo?

Muitas vezes seguimos de um determinado modo porque a maioria está fazendo assim. Na verdade, o pensamento mais adequado seria o seguinte: o que a minoria que passou fez? Como eles estudaram? Que estratégias utilizaram? Por que eu não faço a mesma coisa?

Ser estratégico é entender que é importante fazer o que poucos estão fazendo. É necessário ter coragem porque as pessoas fazem o que todo mundo está fazendo, só estudar. Ninguém está preocupado com a mente e com a estratégia e se você der a devida atenção a isso, seu estudo vai ser muito mais proveitoso.

3.9. Como você se comporta em situações de grande felicidade ou tristeza? – A chave do autocontrole

"Aqueles que têm um grande autocontrole, ou que estão totalmente absortos no trabalho, falam pouco. Palavra e ação juntas não andam bem. Repare na natureza: trabalha continuamente, mas em silêncio"
-Mahatma Gandhi

Como você se comporta em situações de grande alegria ou tristeza? Essa resposta dirá muito sobre você e como atualmente está o controle sobre si mesmo.

Durante toda a minha vida, as situações de grande tristeza sempre me desestabilizavam. Sabe o que isso significava? Muitos dias para me recuperar e voltar ao normal.

Quando estudamos para concurso isso pode nos prejudicar muito, pois vários momentos negativos e de tristeza podem nos influenciar e nos distanciar de dois fatores que são essenciais nos estudos: **regularidade** e **qualidade**.

Pare para pensar e veja se alguma dessas situações já interferiu em seus estudos direta ou indiretamente: sente que não memoriza os assuntos; erra muitas questões nos simulados; reprovação em um concurso; desentendimentos familiares; problemas nos relacionamentos amorosos etc.

Quando me desentendia com minha namorada, hoje minha esposa, à época que estudava, isso tirava muito de minha concentração no momento de estudar, pois eu simplesmente ficava com a mente presa àquela situação e preocupado em resolver o problema. Isso também ocorria quando era eliminado nas primeiras fases dos concursos. A semana posterior a reprovação era praticamente perdida.

Com o tempo fui aprendendo a controlar essas situações de forma que não afetassem tanto os meus estudos. Se você parar para pensar, ficar uma semana parado nos estudos e/ou estudar pensando em fatores externos reduz a qualidade do aprendizado.

Mas como fazer isso de forma eficiente? Como manter a qualidade dos estudos? Como reduzir ao máximo esses fatores externos?

Como não pensar nos problemas bem momento em que se está estudando?

A resposta para isso pode estar em três momentos: antes que ocorra a situação, ou seja, na prevenção; no momento em que acontece; ou ainda posteriormente, na forma como você interpreta e lida com tudo isso.

Um dos maiores pilares de maturidade e desenvolvimento pessoal é saber antecipar situações e, com isso, poder evitá-las. Perceber que o caminho de suas atitudes pode levar a um problema pessoal, por exemplo, é uma grande chave para evitar a situação negativa.

3.10. Você está disposto a mudar? – Modele quem foi aprovado

> "Modelagem do comportamento envolve a observação e o mapeamento dos processos bem sucedidos que formam a base de algum tipo de desempenho excepcional" - Robert Dilts

Um dos maiores problemas que enfrentamos em nossa vida é acreditar que somos de um jeito e não podemos mudar. Daí decorrem vários pensamentos como "isso não é para mim", "nunca conseguirei atingir aquilo", "fulano conseguiu porque é muito inteligente". É muito comum ouvir esse tipo de afirmação, como se a própria pessoa já soubesse, de antemão, quais são as suas limitações, antes mesmo verificar o máximo de soluções possíveis.

Um dos maiores fatores que me fez evoluir em concursos foi um tipo de pensamento: "se fulano conseguiu, eu também consigo". O mais interessante é que, quando você tem essa convicção, vem logo a seguinte pergunta: "mas como foi que ele conseguiu? O que fulano fez para ser aprovado?"

É geralmente aí que vem um dos maiores pensamentos desastrados, que chegamos por conta própria ou que outras pessoas nos dizem: "é só estudar muito". Essa conclusão é terrível, pois isso decorre de uma dedução.

Não que tenha algo de errado em fazer deduções. Nosso sistema de pensamentos é baseado em deduções. Mas se existe uma forma de verificar se a dedução é correta, não há porque não fazê-lo. Por isso, muito mais eficaz é simplesmente perguntar a quem passou.

Se você perguntar a qualquer pessoa que foi aprovada em concursos, a maioria vai dizer que sua aprovação se deve a uma combinação de estudo, estratégia e mentalidade. O problema é que em grande parte das vezes, essas pessoas não vão saber explicar isso direito. Por exemplo: no aspecto mental, elas vão falar que precisaram ser persistentes no objetivo, mas não vão saber explicar direito por que elas conseguiram ser persistentes até o momento da aprovação. No aspecto estratégico, podem dizer que resolveram muitas questões anteriores, mas dificilmente vão conseguir explicar como desenvolveram o olhar clínico para analisar os assuntos e ser mais eficientes nas provas.

Por isso, se você entender todos esses fatores, sua caminhada será muito mais fácil. Mas a maior dificuldade em fazer essa pesquisa é que, quem foi aprovado, não ficará sistematizando tudo que fez e nem mesmo entenderá ou lembrará de todos os aspectos. O maior interesse de quem foi aprovado, no momento, é usufruir sua conquista. Por isso, alguns até dirão como resposta: *"estudar é o principal"*, sem entrar em maiores detalhes.

Mas se você entender como pensam os aprovados e como eles fizeram, estará **modelando** uma forma vitoriosa de estudo para concursos. É exatamente isso que você precisa fazer.

Um dos meus maiores sonhos, hoje em dia, é poder ir no passado e dizer exatamente, para mim mesmo, como estudar para concursos. Esse é um dos principais motivos pelo qual escrevo esse livro e realizo o treinamento on-line do Método de Aprovação.

Parte II
EXPERIÊNCIAS PESSOAIS

1. AS 3 REGRAS QUE EU GOSTARIA DE SABER QUANDO COMECEI A ESTUDAR PARA CONCURSOS

Sabe aquele aluno nota 5? Sempre fui um aluno mediano e durante toda a faculdade meu único objetivo era receber o diploma.

Então, como você pode perceber, nunca tive uma grande preocupação em aprender e obter bons resultados durante o período universitário.

Até que... Comecei a fazer concursos.

Com você é parecido? Você decidiu-se a fazer concursos mesmo sendo um aluno(a) mediano(a)?

Iniciei a vida de concurseiro com grandes dificuldades. Mas, depois de algum tempo descobri o seguinte: era preciso ser estratégico para ser aprovado.

Toda minha estratégia de estudos foi baseada em 3 regras básicas, e o mais interessante disso é que essas regras se provaram válidas mesmo para as pessoas que se formaram mais preparadas.

Regra 1 – CONHECIMENTO NÃO GARANTE APROVAÇÃO: por mais que eu soubesse um assunto ou tema de determinada matéria, de nada valeria se não conseguisse aplicar esse conhecimento no momento da prova.

Regra 2 – O OBJETIVO DE QUEM FAZ CONCURSO É ACERTAR QUESTÕES: parece uma afirmação boba a primeira vista, mas se eu não direcionasse todo o seu estudo e estratégia para esse objetivo dificilmente seria aprovado. Isso nos leva à 3ª regra.

Regra 3 – É PRECISO MEDIR DESEMPENHO: o único índice que me daria segurança se estaria no caminho correto era a mensuração de desempenho. Digo isso porque, no início, minha maior preocupação era apenas decorar os assuntos e contar o tempo de horas estudadas.

Só que para seguir esse caminho é preciso estratégia e, no começo, estratégia para concursos é algo que parece irrelevante, perda de tempo. O tempo me mostrou que não.

2. COMO NÃO ENLOUQUECER COM O EDITAL

Quando comecei a estudar para concursos maiores uma das minhas maiores angústias era ver o tamanho do edital. Parecia ser algo sem fim. Se eu pudesse descrever o que sentia em poucas palavras seria "**falta de fôlego**".

Você sente algo assim? Acredita que é algo impossível?

Fui aprovado em vários concursos, desde técnico (edital pequeno) até defensor público (edital enorme), por duas vezes, passando por analista, mais 2 vezes, e OAB. Então, tudo que vou escrever aqui é com base na minha experiência.

Logo no início dos estudos, o que fiz foi tentar estudar o edital do começo ao fim. Ponto a ponto.

Isso é possível? Nem sempre. Para concursos com editais menores, como técnico e cargos administrativos é possível, apesar de não ser mais indicado seguir nessa sequência. À medida que fui avançando para concursos maiores isso se tornou extremamente complicado.

Então o que seria melhor fazer? À época eu não sabia. Mas o tempo e as tentativas foram me revelando algumas coisas interessantes.

[1] PRIORIZAR OS TEMAS DO EDITAL

Analisar o concurso, o cargo e o perfil da banca se mostrou muito útil para selecionar os assuntos principais, ou seja, os temas que iria priorizar nos meus estudos. Isso serviu tanto para editais menores e intermediários, como os de analista, pois iniciava meus estudos com mais efetividade e avançava no edital a ponto de estudá-lo algumas vezes, bem como para concursos maiores, como a Defensoria, que, na prática, nunca estudei o edital completamente.

[2] FONTE DE ESTUDO

Quando percebi esses aspectos entendi que poderia limitar minha fonte de estudo, ou seja, poderia delimitar o material. Assim consegui definir o melhor livro, sinopse ou apostila para cada matéria, bem como se eles eram realmente precisos em todos os casos.

Esse entendimento reduziu o meu material de estudo, limitou o conteúdo que eu precisaria estudar e, consequentemente, gerou um segundo grau de priorização.

[3] NÍVEL DE PROFUNDIDADE DO MATERIAL

Essas mesmas análises me permitiram, posteriormente, selecionar melhor o material de estudo. Explico: ao entender o cargo e a banca examinadora, ficou muito mais fácil selecionar o material de estudo. Assim, todo o conteúdo estudado está de acordo com o nível de profundidade do concurso realizado, ou seja, nem me aprofundava demais e nem a menos.

Esses 3 pilares, mais à frente chamei de Edital Sintetizado, pois seria possível (1) priorizar o conteúdo a ser estudado, (2) delimitando o material de estudo e a (3) profundidade que iria estudar, a depender do concurso, cargo e a banca.

Você pode no momento estar pensando, assim como eu pensava: "mas vou para o concurso sem estudar todo o edital?". É bem provável que isso aconteça em concursos com editais mais extensos, mas em outros concursos, com editais menores, é certo que você o estudará mais de uma vez. Independentemente, sua preocupação não deveria ser essa, mas a seguinte: "vou para o concurso tendo estudado, revisado e com o bom desempenho nas questões do perfil da banca examinadora do concurso, com o máximo de conteúdos".

Quando mudei essa forma de pensar pude ir para qualquer concurso ciente do meu dever cumprido. Iniciava meus estudos pelos conteúdos prioritários, avançava com segurança e sabia do meu desempenho.

Aquela sensação antiga de que deveria pegar todos os livros, de todas as matérias, somar o número de páginas e dividir pelos dias do ano se foi. E posso te dizer: como foi bom me livrar disso.

3. O MITO DA INTELIGÊNCIA EM CONCURSOS

A imagem que você vê é da minha carteira de Defensor Público e de meu amigo Jaime, quando tomamos posse na Bahia.

Mas no início, quando comecei a estudar para concursos e resolvi as primeiras questões... Meu Deus... Aquilo parecia algo só para quem era inteligente.

Você se sente assim quando vai estudar ou resolver questões? Sente que o seu desempenho está longe do que deveria ser?

Pois essa era minha exata sensação. E se você é concurseiro, como eu fui, sabe que não é um bom sentimento.

Quando eu estudava para concursos, era muito comum ouvir a seguinte frase: "Fulano é inteligente, por isso passou no concurso". Até hoje existe a criação de uma certa "auréola" em torno de quem é aprovado em concursos, como se isso fosse um dom ou genialidade. Não é!

Para quem vê "do lado de fora" parece que a aprovação ocorreu porque as pessoas que se submeteram aos concursos tinham algo que as outras não tinham. O que muitos chamam de inteligência.

INTELIGÊNCIA É UM PROCESSO

Só que inteligência não é algo que se tem ou não tem. Inteligência é um processo, algo que você constrói para um determinado objetivo. Isso é chamado de plasticidade, ou seja, "é a capacidade de o cérebro se tornar o que exigimos dele".

Historicamente existem vários exemplos de pessoas, como Mozart, que são considerados "gênios", mas que, na verdade, tiveram sua inteligência construída em um processo de interação gene x ambiente, de forma muito precoce.

Então é um mito acreditar que alguém é inteligente simplesmente. Na realidade, há um processo em que, durante um determinado tempo e em conjunto com alguns fatores, a inteligência é aprimorada para aquele determinado objetivo. Tanto é assim que o desenvolvimento de um campo da "inteligência" de nada serve para outros aspectos da vida. Isso porque, em concursos, sua inteligência é forjada para realizar bem as atividades necessárias para a aprovação, ou seja, acertar muitas questões na prova.

GENÉTICA E AMBIENTE

Nossa inteligência não é um dom genético. Algo escasso, que alguns têm e outros não.

Todos temos inteligência, mas em certa medida somos incapazes de utilizar o que possuímos. Segundo os especialistas, apesar de existir influência genética, há muito potencial dentro de cada um de nós, pois a construção de nosso intelecto depende também do ambiente.

Como o ambiente exerce uma influência nos genes, ao longo de toda a nossa vida, é provável que algumas pessoas já estejam na frente de nós no que diz respeito a essa combinação. Mas, apesar dessa diferença que foi construída ao logo da vida, isso não quer dizer que você não possa agir para mudar os fatores externos que influenciarão no aumento de sua inteligência para concursos.

COMO AUMENTAR SUA INTELIGÊNCIA PARA CONCURSOS EM 10 PASSOS

Você pode estar se perguntando: "o que eu posso fazer para aumentar minhas chances de passar em concursos? É possível se tornar mais inteligente?"

Se você entende que inteligência não é um dom, mas sim um processo, a resposta é óbvia. Claro que sim.

E agora eu sei o que você está se perguntando: sim, mas como farei isso?

Vou colocar aqui os passos para construir sua própria inteligência voltada para concursos, de acordo com minha experiência e com o que tenho lido hoje em dia sobre o assunto.

1º PASSO: MOTIVAÇÃO

Quais as causas que te movem a estudar para concursos? Saber isso é essencial para entender a finalidade do seu estudo e ter a força necessária para ir até o fim.

2º PASSO: GRAU DE DEDICAÇÃO

Quando falo em dedicação não quero dizer quantidade de horas de estudo. Este é outro mito que posso tratar em outro momento. Dedicação significa se empenhar ao máximo e de forma eficiente, no tempo disponível, para alguma finalidade/resultado.

3º PASSO: DISCIPLINA, PERSISTÊNCIA E AUTOCONTROLE

Além dos dois fatores anteriores, o que vai contar para o processo de formação de sua inteligência é a disciplina para estudar com regularidade, a persistência para seguir em frente e o autocontrole para realizar tudo isso com equilíbrio.

4º PASSO: SABER LIDAR COM OS FRACASSOS

Uma das maiores dificuldades que o ser humano possui na vida é a inabilidade de lidar com fracassos.

Digo isso porque sei exatamente o que é ser reprovado em vários concursos. Você precisa descobrir por que não consegue o resultado em um determinado momento de sua vida, aprender e seguir em frente. Entender e aplicar isso te faz mais inteligente para alcançar seus objetivos.

5º PASSO: AMARGURA E CULPA

De nada adianta pensar em e remoer derrotas ou se sentir culpado porque deixou de fazer algo. Esse sentimento, quando permeado no dia a dia dos estudos, vai envenenando sua produtividade.

6º PASSO: FOCO

Só tenha uma coisa na cabeça: A APROVAÇÃO. Alinhe sua vida em prol desse objetivo. As estratégias, técnicas e estudos voltados para resultados são prioridades.

7º PASSO: IMERSÃO

Fique imerso em um ambiente de concursos. Conviva com quem está nesse meio e interaja com os aprovados. O nosso ambiente diz muito do que somos e seremos.

8º PASSO: PRATIQUE E REPITA OS PROCESSOS

Estudo, resumo, revisões e resolução de questões. A prática e a repetição desses processos vão te deixar cada vez mais eficiente, desde que sejam feitos com técnica e o progresso seja medido.

9º PASSO: ACREDITE NO SEU POTENCIAL

Para ser bem sucedido em concurso é preciso acreditar em si. Muitas vezes eu acreditava que um amigo ou pessoa próxima era mais capaz. Mas tudo parte de nossa capacidade de acreditar no nosso potencial. Não se subestime.

10º PASSO: ENCONTRE UM MENTOR

Quando temos alguém ao nosso lado que já passou pelo mesmo caminho e que nos aconselha, tudo fica mais simples, pois a jornada e os obstáculos já são conhecidos.

Sabendo sesses 10 passos, você pode aplicá-los à sua realidade e ampliar o seu potencial intelectivo para concursos.

4. COMO FUNCIONA O PROCESSO DE MEMORIZAÇÃO

2 ASPECTOS IMPORTANTES ANTES DE COMEÇAR

1) LER NÃO É ESTUDAR: o ato da leitura, geralmente descompromissada, não é estudar. O ato de estudar exige da pessoa algumas características como foco, concentração, atenção e atividade. Então, para se estudar um determinado assunto é preciso fazê-lo de forma ativa, ou seja, entendendo cada parágrafo do texto e realizado grifos/marcações. Com base nessas marcações serão confeccionados resumos. Isso é estudar. Algo bem diferente de ler.

2) ASSISTIR À AULA NÃO É ESTUDAR: "aluno não é estudante", assim dizia um dos maiores nomes da aprendizagem, o prof. Pierluigi Piazzi. O fato de assistirmos à aula não quer dizer que estamos estudando. Estudar, como visto anteriormente, é uma atitude ativa, exige atenção, compreensão do texto, perguntas mentais, grifos e anotações. Assistir à aula é uma atitude passiva, em que o professor expõe o assunto. É algo totalmente diferente e, por isso, nem deveria ser contado como tempo de estudo.

1ª FASE: Momento Presente

Quando você estuda um determinado assunto está no momento de vivência/presente, em que é exigida atenção para que o processo de memorização se inicie. Sem atenção e concentração o primeiro passo para a fixação não é dado, pois a nossa mente precisa que você indique o que é importante para ela. O foco é um meio consciente para tal.

2ª FASE: Início do Esquecimento

Mesmo estudando com atenção, segundo estudos científicos, nas 16 horas seguintes entramos na fase em que a nossa mente decidirá se os conteúdos estudados são bons candidatos à memorização por um prazo maior. É o início do esquecimento.

Essa decisão de esquecer determinadas partes do que foi estudado ocorre de modo inconsciente. Mas você pode, conscientemente, tomar uma atitude contra esse efeito. Toda vez que (re)lembrar do conteúdo estudado você estará agindo ativamente para ajudar sua mente a memorizar. Alguns exemplos são: se você assistiu aula de um tema pela manhã, estude pela tarde o mesmo assunto; se estudou um conteúdo pelo livro, logo depois faça um resumo bem sintético com palavras-chaves.

3ª FASE: Esquecimento

Depois de um mês o que era para ser memorizado foi memorizado. Se não fizermos nada durante este período perderemos uma grande oportunidade, pois caso voltemos ao assunto será como um novo estudo, o que demanda muito tempo novamente. Por isso, o mês subsequente ao estudo deve ser permeado por revisões constantes. É algo que podemos fazer para interferir na curva do esquecimento. Com isso facilitamos o acúmulo de conhecimento.

Sabendo como funciona o processo de memorização, qual o roteiro que devemos seguir então?

Agora vou mostrar aqui o passo a passo que eu sigo até hoje quando quero estudar e memorizar algo.

1ª ETAPA: AULA (Se necessário)

Primeiro, uma pergunta: você já compreende o assunto? Se você não entende o tema, o melhor é começar por uma aula. Nela o professor explicará o tema e direcionará o seu estudo posterior. Essa é a função da aula: compreensão básica e direcionamento.

2ª ETAPA: ESTUDO

Se você já compreende o assunto é hora de estudá-lo por um material escrito. Pode ser um livro ou uma sinopse. Depende dos objetivos e análises realizados anteriormente de acordo com o seu concurso.

3ª ETAPA: GRIFOS

Essa etapa ocorre no momento do estudo. É importante grifar trechos do que está sendo estudado. Não porque o grifo em si seja uma técnica de estudo das mais eficientes, mas devido ao fato de auxiliar muito na etapa seguinte.

É essencial que seus grifos no material estejam de acordo com suas análises anteriores da banca, cargo, concurso, concorrência e questões. Os trechos relevantes do texto não somos nós que dizemos, mas sim a análise anteriormente realizada.

4ª ETAPA: RESUMO

Esse é o momento de sintetizar o que foi estudado em um resumo. O ideal é que ele guarde as ideias centrais e seja o mais sintético possível. Quanto menos tempo após o estudo o resumo for feito, mais fácil será para confeccioná-lo. Neste ponto, os grifos no material serão de extrema importância para agilizar esse processo.

5ª ETAPA: REVISÃO

Pelo menos uma vez por semana revise o conteúdo de seus resumos e alie a resolução de questões de concurso, pois haverá uma solidificação de conhecimento e aumento de desempenho em provas.

Essas atitudes farão de você mais eficiente em concursos. Foi o mesmo passo a passo que utilizei em minha preparação e que emprego até hoje quando estudo algo que preciso memorizar.

5. FORMA DE PENSAR PARA CONCURSOS

Essa foto que você vê é da época que comecei a estudar para concursos. Foi na casa de um amigo meu chamado Odilon. À época, eu tinha alguns tipos de pensamento, uma forma de pensar, que me prejudicava no caminho da aprovação.

Vou descrever aqui o que pensava à época e você me diz se identifica algo em você ou não, ok?

O dia da prova do concurso era algo de vida ou morte.

A possibilidade da reprovação me assustava.

Será que eu tinha capacidade realmente...

Você pensa nisso? Se sente assim?

Esse tipo de pensamento me afligia, pois tudo parecia que se revolveria na prova.

Até que... Reprovei, reprovei novamente e novamente. Neste ponto só teria duas opções:

01) Desistir dos concursos, pois não seria para mim, ou...

02) Entender que esses fracassos seriam apenas uma parte do processo da aprovação. Algo que se bem entendido e analisado poderia ser um aprendizado para recalcular minha rota, definir novas estratégias e aprimorar minhas técnicas / conhecimento.

Ainda bem que escolhi o segundo caminho. Mas isso implicou também em uma mudança na minha forma de pensar.

E você... Quais são os pensamentos que estão em sua mente agora? Acredita que é possível ser aprovado realmente? Que tudo que você está passando é apenas parte de um processo, de um aprendizado, que culminará em sua aprovação?

Essa foi uma lição que aprendi aos poucos, sofrendo, a cada momento em que pensava em desistir.

Hoje, ao olhar para trás, percebo que a derrota ou o sucesso começam na mente.

Por fim, gostaria de sintetizar tudo isso em uma frase de um outro amigo meu Luiz Rafael: "Invista em derrotas". Não fique triste ou abalado com elas, pois é aí que está o crescimento.

6. ANOTAÇÕES DE AULA

Existe sensação pior do que assistir uma aula e tentar anotar tudo que o professor fala? Quando acaba a aula é uma mistura de cansaço e "dever cumprido". Era assim que eu me sentia quando fiz cursinho.

Boa parte do material produzido na aula eu não lia depois.

Isso acontece com você também?

A gente não pensa por que faz essas coisas. Anota desenfreadamente tudo que o professor fala, acumula inúmeros cadernos de aulas e não lemos nossas anotações depois.

Que desperdício de tempo!

Depois que eu passei a analisar a função do curso e os meus objetivos, comecei a utilizar as aulas e as ferramentas de anotações com mais eficiência.

Veja se você concorda comigo: qual é a função da aula de um curso? Essencialmente gerar a compreensão de algo que você desconhece e mostrar o caminho mais apropriado em um determinado assunto para que se alcance uma finalidade específica. Ex.: compreensão do assunto "poder constituinte" de direito constitucional e mostrar os principais pontos que devo trilhar nesse assunto para acertar as questões do concurso.

Então, se eu já tenho a compreensão de um assunto e as condições básicas de análise do concurso que farei, a aula é desnecessária para aquele tema. O tempo gasto assistindo seria melhor aproveitado no próprio estudo do tema com resoluções de questões.

Infelizmente, quando comecei a estudar, pensava que a aula fazia parte dos meus estudos. Na verdade, assistir aula nem estudo é. Trata-se apenas da compreensão do tema.

Quando tive essa percepção minha produtividade nas aulas e nos estudos melhoraram muito, pois minhas ações eram planejadas de acordo com a finalidade de cada momento de minha preparação.

Diante disso, passei a assistir apenas as aulas que realmente eram necessárias. Muito menos do que imaginava.

Na aula, eu fazia o seguinte:

1 – Se a aula não é estudo e sua finalidade é gerar a compreensão do tema, minha tarefa é basicamente prestar atenção para entender o assunto.

2 – Se a aula me dará o caminho a ser trilhado no momento dos estudos, minha função não é copiar tudo que o professor fala, mas sim elaborar um roteiro.

Com a compreensão do assunto e o roteiro a seguir, meus estudos se tornaram realmente produtivos. A imagem que você vê no início é um exemplo disso. Eu só levava uma folha e uma caneta para aulas que assistia.

Depois de ler esse texto você pode estar pensando: talvez nem o cursinho eu precise fazer mais.

Foi essa a conclusão a que cheguei. Assistia apenas a algumas aulas essenciais para mim e me tornei muito mais eficiente e produtivo nos estudos.

7. SÓ PASSA EM CONCURSOS QUEM ESTUDA 10 HORAS POR DIA?

Você já ouviu isso? "Só passa em concursos quem estuda 10 horas por dia". Esse é um pensamento que permeou o início de minha vida de estudos para concursos.

Durante algum tempo acreditei na veracidade dessa informação. Estava enganado e explico os motivos aqui.

Como você se sente ao acreditar que isso é preciso? Estudar inúmeras horas por dia.

Eu, particularmente, me sentia angustiado e oprimido. Sentia que se não conseguisse cumprir pelo menos essas 10 horas diárias nada ia dar certo. Era uma sensação muito ruim.

TEMPO X DESEMPENHO

Até que eu percebi que existe uma diferença entre tempo de estudo e produtividade/desempenho no estudo.

10 horas de estudo pode ser igual a 2 horas de estudo, quando o conteúdo estudado é o mesmo e o desempenho decorrente do assunto também é similar.

Não sei se já aconteceu com você, mas muitas vezes um estudo de poucas horas aliado a questões me fez sentir muito produtivo, pois ao final da sessão de estudo sabia que entendi o assunto e acertei muitas questões.

Isso já aconteceu com você? Se sim, você já sabe o que é se sentir produtivo nos estudos. Aí eu te pergunto: o que vale mais? 10 horas de estudo enfadonho ou um período de estudo realmente produtivo?

CONSISTÊNCIA NOS ESTUDOS

Um outro fator importantíssimo e muitas vezes ignorado é a consistência. Quem é inconsistente estuda com "picos" e "quedas" não planejadas. O cansando mental ao longo do primeiro mês não permitirá o avanço regular. Foi isso que aconteceu comigo no início.

Mas qual seria o plano consistente?

Vou dar 3 exemplos, desde para quem tem mais tempo, uma média de 4h por dia, até para quem tem menos tempo, uma média de 2h por dia para estudar.

Qual o modo mais apropriado

Como você pode ver na imagem, mesmo quem tem apenas uma média de menos de 3h por dia, durante a semana, em 9 meses terá 720 horas de estudo.

São 720 horas de estudo real. Em que se tempo para estudar e o tempo necessário para que a mente sedimente o conhecimento. E o que dá para fazer com 720 horas? Veja na imagem abaixo.

- 240h – Resolver questões
  - São 14.400mim | 1 questão em 5mim | 2880 questões
- 240h – Estudar
  - 6Matérias | 40h por Matéria | 400 páginas por matéria
- 240h – Resumir e Revisar
  - 120h Resumo
  - 120h Revisão

Prioridade de Estudo
- Temas do Edital Sintetizado
- Depois de outros temas

Organiza no Calendário
- Questões
- Assuntos Prioritários
- Outros Temas
- Resumo RPC
- Revisão R12x

Agora me responda: você acredita que, se resolver 2.880 questões, estudar 2.400 páginas, criar seus resumos e revisar várias vezes, quais as suas chances de passar?

Agora imagine se você fizesse isso com foco em poucos cargos e em apenas uma banca por exemplo. Resolvesse 2.880 questões de apenas um tipo de banca, CESPE, por exemplo; estudasse 2.400 páginas de conteúdo direcionado, priorizando os assuntos mais importantes e resumisse tudo isso para revisar diversas vezes, de forma que o esquecimento não tomasse conta? Suas chances seriam ainda melhores?

Esse é o poder de aliar um estudo consistente e baseado em desempenho e não necessariamente em horas de estudo apenas.

8. QUANDO NÃO ESTUDAR

Era uma tarde bem quente quando me sentei para estudar. Mesmo estando cansado e irritado continuei. Segui em frente e fui até o fim do assunto no meu material.

Ao final do estudo percebi que não tinha valido quase nada.

Sabe quando se termina de estudar com aquela sensação de confusão mental, sem saber exatamente o conteúdo? Se alguém me perguntasse algo sobre o tema seria bem provável que eu não conseguisse responder.

Isso já aconteceu com você?

Você já estudou e percebeu que, ao final, quase nada valeu a pena?

Esse fato me fez perceber que, apesar de ser preciso estudar, existem situações em que essa não é a melhor opção. Com o tempo identifiquei 4 MOMENTOS em que o MELHOR É NÃO ESTUDAR:

1 – MUITO CANSAÇO: quando se está muito cansado é melhor descansar.

2 – MUITO SONO: quando se está com muito sono, o melhor é dormir.

3 – MUITA IRRITAÇÃO: quando se está muito irritado, melhor parar um pouco e se acalmar.

4 – MUITA FOME: quando se está com muita fome é bom, simplesmente, comer.

É claro que quando se está um pouco cansado, com pouco sono, a irritação é leve ou a fome não é lá essas coisas, o ideal é que isso não seja utilizado como desculpa para não estudar. Do mesmo modo, quando esses momentos são frequentes em sua vida, é preciso fazer uma análise dos motivos, senão nunca se estuda.

Mas existem momentos em que a tensão, o stress, o cansaço é tão grande, que o melhor, naquele momento, é não estudar, mas sim se recuperar para ter um estudo de qualidade posteriormente.

Quando eu passei a pensar e agir dessa forma, meus momentos de estudo passaram a ser muito mais produtivos e eficientes.

Imagine agora você estudando sem ou quase sem esses fatores (cansaço, sono, irritação e fome). Pense agora como seria esse estudo do começo ao fim. Você consegue perceber a qualidade? A produtividade? Por isso escolher o momento certo para estudar é crucial para sus eficiência nos estudos.

9. GRUPO DE ESTUDOS FUNCIONA?

Você já sentiu que, às vezes, um(a) amigo(a) pode te levar junto com ele(a) para a ruína nos concursos?

As amizades que fiz ao longo dos estudos para concursos me aproximavam ou afastavam da aprovação. Isso parece acontecer com você também?

Digo isso porque, em muitos momentos, amigos foram cruciais para meu desenvolvimento enquanto em outros quase me fizeram desistir. Basta uma pessoa para te contaminar!

O que quero mostrar aqui é minha experiência de como você pode ajudar seus amigos que fazem concursos e também ser ajudado por eles em momentos estratégicos e críticos no caminho da aprovação.

Se você tem algum amigo que está estudando para concursos similares aos seus, é possível fazer o seguinte:

1º – Definam metas semanais em conjunto

Quando estudei para a Defensoria de Sergipe, tínhamos um grupo de 5 pessoas e nós definimos a meta de estudos da semana. Não vou entrar em detalhes na metodologia, mas definíamos uma matéria por semana e os temas a serem estudados.

Lembre-se que estudar em grupo não é estudar em conjunto. Nós não estudamos em conjunto, tínhamos nossas metas em comum e nos reuníamos uma vez por semana para realizar algumas atividades.

O fato de saber que outras pessoas tinham as mesmas metas que as minhas e que teríamos atividades no final da semana, me motivava a cumprir minha meta de estudos.

2º – Dia de Resolução de Questões

Uma das atividades que realizamos em conjunto era separar um dia para fazer simulado. Para que fosse o máximo produtivo possível, cada um dos integrantes levava 10 questões do assunto. Como eram 5 pessoas tínhamos 50 questões para resolver.

O interessante aqui era que as questões que eu levava, por exemplo, eram previamente estudadas e analisadas por mim. Assim, ao final do simulado, caso alguém tivesse dúvida em relação às questões selecionadas por mim, seria de minha responsabilidade explicar.

Isso gerava um compromisso de realmente estudar e entender 10 questões e eu ainda resolveria e entenderia o porquê de cada item das outras 40 questões do simulado, pois existia uma pessoa que estudou a fundo as outras questões.

3º – Apoio Emocional

Existe o amigo que dá apoio emocional, mas existe também aquele que te sabota. Ter ao seu lado pessoas que tem os mesmos objetivos, estão na mesma jornada e sabem o que você passa, permite um apoio que é difícil encontrar em outro lugar.

Muitas pessoas não entendem e não respeitam o que você está fazendo agora. Comigo foi assim também. Mas ao final tudo é recompensado. Esteja ao lado dos amigos corretos para que seu caminho seja melhor.

10. SONO E ESTUDOS

Existe sensação pior que tentar estudar depois de um dia cansativo de trabalho? Você passa por isso? Deitar a cabeça várias vezes sobre o livro foi muito comum para mim.

Se você pudesse resumir em uma palavra, qual o sentimento, o que você escreveria? Coloque aqui nos comentários. A minha palavra seria "desabar"!

Durante meus estudos para concursos pude perceber que algumas práticas me ajudaram muito em relação ao sono. São fruto de minha experiência, por isso teste para saber se funciona bem com você. Funciona com a maioria das pessoas.

[01] CAFÉ + 15 MIN DE COCHILO: Ao chegar em casa tomava um café e cochilava de 15 a 20 minutos. Esse descanso me restaurava e o café começava a fazer efeito.

[02] CHOCOLATE: Como sempre adorei chocolate, sempre comia pedaços durante o dia, pois me dava energia. Principalmente quando chegava em casa e precisava estudar por algumas horas.

São duas dicas simples, mas efetivas. Funcionaram bem para mim e podem servir para você também.

11. QUEM NUNCA ESTUDOU NA CAMA?

Durante a época em que estudei para concursos, tentei, algumas vezes, estudar antes de dormir. Na cama.

Você já tentou fazer isso?

No meu pensamento seria mais um pouco de estudo durante o dia. Mas toda vez que tentava estudar dessa forma acabava dormindo e não lembrava nada do que tinha lido. Isso já aconteceu com você?

A sensação para mim não era nada boa, pois eu estava tentando estudar mais e nem por isso tinha melhores resultados.

Com o tempo descobri dois aspectos interessantes que elevaram a qualidade dos meus estudos e, consequentemente, meu desempenho nas provas.

1 – TER UM RITUAL

Em todos os aspectos de nossa vida que levamos a sério temos um ritual, como ir ao trabalho. Quando vamos trabalhar, tomamos um banho, colocamos uma roupa adequada e nos dirigimos a um local específico para exercer essa atividade. Por que com o estudo seria diferente? Por que não ter um ritual para estudar, como ter o material organizado, saber o que vai ser estudado e ter um ambiente próprio para os estudos, por exemplo?

Quando temos um ritual para nossos estudos acabamos por criar hábitos, que nos levam a ser mais produtivos.

2 – ENERGIA NO ESTUDO

Toda vez que começamos a estudar, se não estivermos com uma atitude e energia elevadas, o estudo não será produtivo. SIMPLESMENTE não renderá.

Um amigo meu, Gustavo Faria, me deu um exemplo muito legal sobre o tema: "Veja no UFC: hoje em dia os caras entram com música, vibe lá em cima, querendo destroçar o adversário. Mas para estudar, não. Eu sento e pronto".

Isso é a mais pura verdade.

Todos os atletas de alto nível possuem rituais e entram com energia alta em suas atividades.

Nós, estudantes de concursos, somos atletas do conhecimento, mas tratamos o estudo, muitas vezes, como mais uma de nossas tarefas.

Não devia ser assim.

Quando passei a perceber que ter um ritual ao estudar e estar energizado durante o processo fazia realmente diferença no meu desempenho, nunca mais estudei na cama, antes de dormir.

Qual o será o seu ritual e sua atitude/energia perante os estudos de agora em diante?

12. LIVROS QUE NÃO LI

Aqui está uma amostra dos livros que utilizava durante minha época de concursos.

Quem vê essa imagem pode pensar que li e estudei por todos eles. Ledo engano. A grande maioria li poucas paginas ou capítulos e logo desisti.

Isso só ocorreu porque cometi um erro muito comum. Comprar um ou dois livros de cada matéria para estudar do começo ao fim.

Com o tempo, descobri que mais eficiente seria fazer o oposto. Analisar questões, cargos, bancas examinadoras etc. e somente depois comprar os livros de acordo com a necessidade do(s) concurso(s) que iria fazer. Em muitos casos descobri que, em certos assuntos ou até matérias, bastava a lei ou a sinopse.

Perdi muito dinheiro comprando livros que não precisava e tempo tentando lê-los. Com o aprendizado, fiz do jeito certo e, no fim, fui aprovado nos concursos que queria. Hoje sou Defensor Público, mas ficou essa grande lição.

13. DIA DE FAZER NADA

Tem dias que a gente acorda e não quer fazer nada. Estudar então...

Isso já aconteceu com você? Comigo aconteceu várias vezes.

Enquanto passa o dia sem se fazer nada parece que está tudo bem. O problema era o depois. Como eu me sentia depois de ter passado o tempo sem que tivesse estudado, produzido ou ter feito algo de útil no dia.

SENTIMENTOS

A sensação era um misto de arrependimento, tristeza e raiva de mim mesmo. Você sente algo parecido quando fica sem estudar?

Isso acontecia comigo, pois, no fundo, sabia que tinha perdido uma grande oportunidade. Sabia que estava mais distante do meu objetivo.

Mas o que fazer para não perder esse dia? Essa oportunidade de estudar? Vou escrever aqui algumas dicas práticas que me ajudaram a ter regularidade nos estudos:

1- ANTECIPAÇÃO DOS SENTIMENTOS: uma estratégia que utilizei para superar essa dificuldade foi a seguinte. Quando eu acordava sem querer fazer nada começava a imaginar como seria o meu dia. Ao fazer isso conseguia perceber o que iria sentir depois. Só esse exercício de imaginação já me deixava triste e arrependido. A diferença é que o dia ainda não tinha passado e era possível agir para mudar o dia e terminá-lo do jeito correto.

:-)

2 – CLAREZA DO QUE DÁ RESULTADO: ter muito claro que minha caminhada para concursos não se tratava de muitas e muitas horas de estudo por dia, mas sim de uma regularidade e constância ao longo do tempo. Tal entendimento é importantíssimo e só fui compreender plenamente isso um bom tempo depois.

Muitas vezes achamos que nossa vitória será construída nos esforços extraordinários. Mas não! Ela é construída no dia a dia, na regularidade da construção de nosso conhecimento, que será avaliado no momento da prova.

14. ESCOLHA DO MATERIAL

Quando eu comecei a estudar para concursos um amigo me disse que um conhecido dele tinha passado em vários concursos porque tinha estudado por uma determinada coleção de livros.

Pensando no resultado que iria obter, deixei de lado todo o meu material e comprei a coleção completa dos livros para concursos. Eram mais de 10 livros que, à época, custaram em torno de R$1.700,00.

Comecei a estudar por eles com afinco, semana após semana, mas depois de algum tempo meu desempenho nas questões piorou.

O que estava acontecendo?

Essa decisão de trocar meu material por outro e comprar todos os livros de uma só vez foi um dos maiores erros estratégicos em minha vida de concursos. Não porque o material novo fosse ruim, muito pelo contrário. Mas sim pelo fato de que a mudança feita do jeito que fiz foi muito prejudicial.

Alguma vez você já foi convencido a mudar de material? Um amigo está estudando por um livro diferente do seu e você muda? Você não encontra todas as respostas das questões e muda de material?

Depois dessa minha experiência, voltei ao material que comecei. Só fiz poucas alterações ao longo dos meus estudos. Deu certo. Fui aprovado em vários concursos e somente depois entendi o motivo.

Quando você escolhe o seu material e estuda por ele, sem muitas alterações, sua consistência aumenta. Você não pode se preocupar se alguém está estudando por outro lugar ou se não encontra todas as respostas, pois seu objetivo é acertar muitas questões e não todas. Nenhum material será completo o suficiente, estudar por vários vai demandar muito esforço e, mudar constantemente, só vai gerar confusão mental e inconsistência.

Só fique atento na escolha do material. Por isso dou aqui 3 dicas:

1ª – Escolha apenas um livro/sinopse/material de cada matéria, para ganhar consistência ao longo do tempo.

2ª – O livro/sinopse/material precisa ser referência no mercado, para que você não estude por conteúdo com erros.

3ª – Sempre utilize material atualizado, pois a bancas cobram muito as novidades em concursos.

Quando segui esses 3 passos fui até o fim com mais tranquilidade, consistência e segurança.

15. COMO GRIFAVA MEU VADE MECUM

A imagem que você vê é de um Vade Mecum (coletânea de leis) que utilizei na minha preparação até a aprovação.

Pelo fato de você ver muitos grifos, pode imaginar, à primeira vista, que utilizei o marca-texto como ferramenta de estudo. Foi assim que comecei. Grifando, grifando e grifando tudo que achava importante.

Com o tempo percebi que os grifos seriam mais adequados se o critério de importância dos grifos não fosse definido por mim, mas sim pela banca e concurso que iria fazer.

Os grifos que você vê em meu material são, na verdade, de artigos que já foram cobrados em provas, os de acordo com o perfil da banca e aqueles relacionados com o cargo.

As marcações, dessa forma, se mostraram muito mais eficientes para dar uma luz e me mostrar o direcionamento das provas que viriam. Comecei a entender o que priorizar e revisar na imensidão das leis e artigos exigidos no edital do concurso.

16. COMO ME CONCENTRAVA NOS ESTUDOS

Logo quando eu comecei a estudar, ao pegar um livro, não conseguia ter atenção no que estava lendo por mais de 10 minutos. Começava a pensar em coisas como o que iria comer depois, os filmes que queria assistir, o que iria fazer com o meu salário quando tomasse posse no concurso...

Sem perceber, já tinham se passado de 20 a 30 min e eu mal tinha estudado algo que prestasse.

Isso acontece com você também?

Com o tempo percebi que, para poder me concentrar nos estudos era preciso 3 FATORES:

1. TREINO: só o tempo de estudo lhe permitirá aumentar seu tempo de atenção à leitura. Isso ocorre aos poucos. Um dia são 10 minutos, no outro 20 e quando você vê, uma semana depois, já está em 50 minutos. Mas isso exige esforço e consciência para aumentar o tempo.

2. DESCANSO: só é possível se concentrar muito tempo em algo se a nossa mente estiver descansada, ou seja, sem sono. Por isso é importante escolher bem os horários de estudo.

3. MONOTAREFA: nós somos seres monotarefa. Toda vez que tentamos fazer duas ou mais coisas ao mesmo tempo, estamos, na verdade, interrompendo uma atividade para iniciar outra. Mesmo que isso seja imperceptível. Estudar e fazer em outra coisa divide nossa atenção e reduz o rendimento mental.

Nossa atenção é onde colocamos o foco dos nossos sentidos. É possível controlá-la e direcioná-la para onde quisermos, desde que sejamos treinados para isso.

17. CICLO DE ESTUDOS E CONCENTRAÇÃO

Você já experimentou a sensação de estar tão imerso em seus estudos, na leitura ou nos exercícios, que perdeu a noção do passar do tempo? Estudando de uma tal forma que nem consegue perceber o que acontece ao seu redor?

Você já passou por isso alguma vez na sua vida? Se não passou, desejaria experienciar algo assim?

Mas será que é realmente possível conseguir esse tipo de sensação nos estudos? Conseguir estudar dessa forma?

Talvez isso nunca tenha ocorrido com você nos estudos, mas com certeza já deve ter ocorrido em alguma outra área de sua vida. Aquele momento em que você está tão concentrado que nada interfere no que está fazendo. Pode ter sido praticando algum esporte, lendo algum livro, assistido um filme ou seriado. O tempo passa e você nem sente. Foi rápido demais.

Essa experiência se chama de "Estado de Flow" ou Estado de Fluxo, e foi estudada pelo professor Mihaly Csikszentmihalyi, psicólogo húngaro e catedrático da Univeridade de Claremont.

CONCENTRAÇÃO MÁXIMA NOS ESTUDOS

Flow "é um estado mental de operação em que a pessoa está totalmente imersa no que está fazendo, caracterizado por um sentimento de total envolvimento e sucesso no processo da atividade" (Wikpédia). Trata-se de ser disciplinado em fazer algo, mas de forma livre e escolhida, de modo que sua concentração é total durante um determinado período de tempo.

Mas apesar de experimentar isso em algumas áreas da vida e até mesmo em momentos de estudo, a principal pergunta é: como é atingir esse estado de flow de forma consciente, de modo a ter uma alta concentração no momento dos estudos?

Antes de responder essa pergunta é importante que você identifique onde entra exatamente o "flow" em seu ciclo de estudos.

CICLO DE ESTUDOS

Um ciclo de estudos próximo do ótimo é realizado em um período em torno de 2 horas. Algo entre 1 hora e 30 minutos e 2 horas e 30 minutos, a depender de cada pessoa. Mas a média é essa.

Durante esse ciclo é importante realizar pequenas pausas, para que seu estudo seja memorizado de forma mais eficiente.

É exatamente entre essas pausas, ou seja, nos períodos de tempo, que variam entre 30 mim a 1 hora, que se compõe o ciclo de estudos, que vão de 1 hora e 30 minutos a 2 horas e 30 minutos, em que você poderá entrar no "Estado de Flow". Veja na imagem:

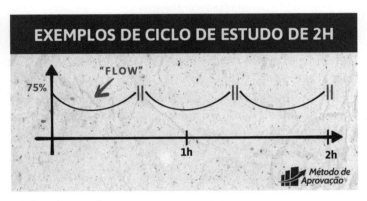

Sabendo qual o momento propício para entrar nesse estado podemos retornar a pergunta. Como entrar nesse estado de concentração?

O primeiro ponto importante aqui é saber que esse tipo de estado só acontece quando nossas capacidades e habilidades estão alinhadas com nossos objetivos e desafios. É esse equilíbrio que nos levará a tal estado.

Dessa forma, considerando que as habilidades e capacidades voltadas ao estudo para concursos já reside na maioria de nós, senão você nem estaria lendo esse texto, resta definir o alinhamento.

Quando esse alinhamento entre objetivos e desafios não ocorre, ficamos com aquela sensação de demora para passar o tempo no momento dos estudos. Não há motivação.

CLAREZA NOS OBJETIVOS

Quando você começar a estudar é preciso ter alguns aspectos bem claros, que vão decorrer de seu planejamento de estudos.

1. Qual a minha motivação para estudar hoje? 2. Quais os meus objetivos neste ciclo de estudos? 3. Quais os meus desafios ao fim desse ciclo de estudos?

Quando foi que você fez isso antes de começar a estudar? A maioria das pessoas não faz, pois nunca teve um planejamento estratégico de estudos.

Veja na um exemplo de como isso funciona na prática.

Objetivos: estudar o assunto "x". Desafio: elevar meu índice de acerto no assunto "x" para 70%.

Se você tem uma motivação para estudar e sabe quais os seus objetivos e desafios de curto prazo, a possibilidade de entrar em um estado fluxo no momento do estudo é muito maior.

Muito importante também é ter em mente seus objetivos de médio e longo prazo. São os fatores que vão te permitir avançar continuamente.

Entrar nesse estado exigirá um certo esforço, mas será a consciência do que você faz aliada à repetição que te permitirá chegar nesse nível de concentração ou bem próximo disso.

PASSO A PASSO PARA SE CONCENTRAR

Para que você possa reconhecer se chegou ou está chegando nesse estado, veja quais são as características de quem atinge esse nível de concentração, segundo o próprio Mihaly Csikszentmihalyi, em sua palestra "Flow, the secret to happiness", disponível no TED.

1. Envolvimento completo no que se está fazendo.

2. Sentimento de êxtase, de estar fora da realidade.

3. Maior clareza do que deve ser feito e quão bem estamos fazendo.

4. Perceber que a atividade é possível, que nossas habilidades são adequadas para a tarefa.

5. Sentimento de serenidade, sem preocupações e que está crescendo além dos limites dos próprios limites.6. Sentimento de que está totalmente focado no momento presente. O tempo passa sem que seja sentido.

O estado de fluxo é recompensador e alimenta suas motivações. Entendendo essas características ficará mais fácil identificar quando se está no caminho correto da concentração.

18. INTERVALO DE ESTUDO

Quando eu comecei a me dedicar mais fortemente aos estudos para concursos percebi alguns sintomas em mim como irritação, cansaço e impaciência.

Sempre fiz intervalos entre minhas séries de estudo e nunca fui de estudar de forma exagerada durante o dia. Mas, mesmo assim, esses sintomas me acompanhavam.

Com você é assim também? Você sente que quando mais tenta se dedicar, esses fatores começam a interferir em sua vida?

A sensação que eu tinha era que tinha de ser assim e pronto. Até que...

UMA NOVA ATIVIDADE

Comecei timidamente a aprender a tocar violão, nos intervalos dos estudos. Praticava sempre que dava um tempinho.

Por incrível que pareça, essa atividade me deu uma paz, uma alegria e, consequentemente, mais produtividade nos estudos.

Fui avançando gradativamente e a qualidade de estudo melhorando. Até o ponto em que aqueles sintomas não mais apareciam, pois meu estudo estava equilibrado com outras atividades.

ATIVIDADE PRAZEROSA

Minha pergunta para você é: "o que você pode inserir no seu dia a dia e nos intervalos de estudo que te dê muito prazer em fazer?"

No meu caso foi aprender a tocar violão. Para você pode ser uma leitura sobre algo totalmente diferente, uma atividade física ou um novo tipo de aprendizado. Algo que te dê muita alegria em fazer.

A chave é o EQUILÍBRIO.

Isso fez muita diferença para mim. Coloque em prática na sua vida.

19. CHUTE TÉCNICO EM CONCURSOS

Existe sensação pior do que chegar no dia da prova, ler as questões e ficar na dúvida do que responder? Ou pior, não saber sobre nenhum dos itens?

Isso já aconteceu muito comigo várias vezes e a sensação, para mim, era de impotência. Eu estava de frente para a prova, tinha me preparado, mas em algumas questões parecia que não havia nada que eu pudesse fazer.

Você já passou por uma situação como essa? Se sentiu assim alguma vez?

Podem existir diversos motivos para isso, como nervosismo, o "branco", ou simplesmente não saber a resposta.

Com o tempo descobri que era possível chutar tecnicamente, de modo que fosse possível fazer algo em relação a essas questões e aumentar a probabilidade de acerto. É sobre algumas dessas técnicas que vou escrever aqui.

Adianto que você pode até duvidar sobre a validade desse tipo de estratégia, mas a prática mostrou sua eficiência.

ITENS ABSURDOS

Uma das mais fácies, pois praticamente todas as questões possuem um item em que vários elementos internos são incorretos. São geralmente absurdos e, por isso, de fácil eliminação. Só a eliminação desse item, em uma questão de 5 itens, aumenta sua probabilidade de acerto em 25%.

ITENS CORRETOS MAS SEM CORRELAÇÃO

É muito comum a questão trazer um item em que a ideia, apesar de ser correta, não guarda correlação com o enunciado. Isso torna o item incorreto. Por isso é preciso tomar muito cuidado na leitura do item e verificar a todo momento o enunciado da questão.

Ocorre também do item iniciar de forma correta, mas no final é apresentada uma consequência que nada tem a ver com o início do item (sua causa). É o caso de marcar esse item como incorreto.

ITENS CONTRADITÓRIOS

Por fim, toda vez que você encontrar itens que são contraditórios, é possível que o item correto seja um ou outro. Assim, quando um item é o oposto do outro isso indica que um dos itens pode estar correto.

Exemplo: se em um questão de 5 itens, 2 itens são contraditórios, você pode dar mais atenção nesses pontos. Se a resposta for um desses 2 itens, suas chances de acerto aumentaram em 150%. Antes era de 20%, pois havia dúvida entre 5 itens, e agora passa a ser de 50%, pois a dúvida fica entre apenas 2 itens. Ou seja, suas chances subiram 150%, pois passou de 20 para 50%.

Existem várias outras técnicas de chute em que você pode ser mais eficiente na resolução de questões, como o balanceamento dos itens ou a contagem técnica. O mais importante é perceber que a soma das estratégias de estudo para concursos realmente faze diferença, assim como fizerem em minha vida.

Um erro muito comum de quem inicia nos estudos para concursos é achar que o chute técnico é uma solução para quem não estuda. Muito pelo contrário. A prática e a experiência me mostraram que, quanto mais se estuda com qualidade e estratégia, maior é a eficácia do chute técnico, pois a probabilidade começa a influir a seu favor.

20. ROTEIRO DE ESTUDOS [ESTUDO ATIVO]

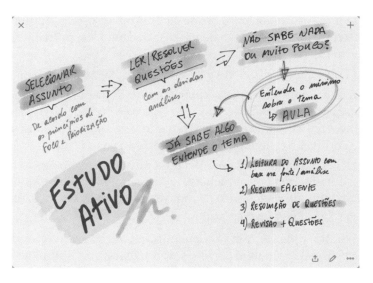

Quando eu comecei a estudar pensava que o melhor modo de fazer isso era por meio de aulas de cursinho e leitura de livros. Para mim seria o suficiente para ir bem nas provas de concursos. Ledo engano. Como não entendia como funcionava o aprendizado, perdi um bom tempo tentando me encontrar.

Com você é assim também? Você sente que precisa de técnica para melhorar o seu desempenho nos estudos, mas se sente perdido?

Para mim a sensação, em um primeiro momento, era de estar perdido.

É isso que quero te mostrar aqui e algumas práticas e técnicas de estudo que fizerem a diferença na minha vida, de modo que seja possível testar e cortar caminho nessa trilha da aprovação.

Entre 1937 e 1964, duas terias na área de experiência humana abordaram a área de aprendizagem e são referências até hoje. Elas têm as mesmas características e são a base do que se entende por ensino e estudo.

Em 1937, Carles Hoban e Samuel Zisman, publicaram um livro chamado "Visualizing the Curriculum", no qual eles diziam que a capacidade de aprendizado estava diretamente ligada à concretude das situações. Ou seja, quanto mais concreta a situação, a exemplo de modelos e objetos, maior a capacidade de compreensão e aprendizagem. Já no oposto, quando maior a abstração, como palavras e diagramas, menor a capacidade de compreensão e, assim, de aprendizado.

Em 1946, Edgar Dale, provavelmente com base nos estudos de Hoban e Zisman, escreveu o livro "Audio-Visual Methods in Teaching" e elaborou o "Cone of Experience", que consiste em uma pirâmide de níveis de abstrações relacionados à compreensão humana. Seus estudos seguiram a mesma linha de pensamento: quanto maior a abstração, menor a capacidade de compreensão e quanto maior a concretude, maior a capacidade de compreensão.

Apesar de em nenhum dos estudos ter havido uma correlação entre compreensão e memorização (retenção) de conhecimentos, uma pesquisa recente mostrou que essa correlação existe, apesar de não haver um percentual preciso.

Essa pesquisa, publicada na revista científica Psychological Science in the Public Interest, avaliou dez técnicas comuns de estudo para classificar quais possuem de fato a melhor utilidade. É o que hoje se entende por aproximação do estudo passivo (mais abstrato) e ativo (mais concreto). Apesar do estudo ativo ter uma maior efetividade em relação à compreensão/aprendizado, envolve mais esforço, enquanto o estudo passivo é menos trabalhoso e, por isso, menos eficaz em termos de retenção de conhecimento.

O mais importante, contudo, é aplicar as técnicas que, para você, gerem um maior custo-benefício, ou seja, a mais eficiente possível.

Por isso, que vou mostrar aqui para você o que eu fiz e deu certo. O mesmo que meus alunos fazem atualmente e obtêm aprovações nos mais diversos concursos.

Primeiro vou mostrar quais são todos os possíveis meios de estudo, do mais abstrato ao mais concreto, e logo depois vou elaborar um ciclo de estudos. Vamos a eles:

1. Leitura;
2. Releitura;
3. Assistir às aulas;
4. Técnicas mnemônicas;
5. Imagens;

6. Resumos;
7. Elaboração de perguntas sobre o texto lido;
8. Autoexplicação;
9. Estudo intercalado;
10. Resolução de questões;
11. Prática distributiva.

Diante de todas essas formas de estudar, qual seria a mais adequada?

A primeira coisa a fazer é saber o seu nível em determinado assunto. Para isso, a melhor forma é resolver uma quantidade determinada de questões do tema, de uma determinada banca.

Vou te dar um exemplo. Digamos que em minhas prioridades está o estudo de assunto "poder constituinte" da matéria "direito constitucional". Isso é só um exemplo. Pode ser "crase" de "português".

Para deixar o exemplo mais próximo de uma situação real, digamos que você estuda para analista de tribunal de justiça ou ministério público e tem preferência por provas da FCC.

Em nosso caso prático aqui: Analista Tribunais – FCC – Direito Constitucional – Poder Constituinte.

Você agora precisa se testar com questões da FCC, do tema poder constituinte de cargos de nível médio e superior.

Mesmo que você saiba pouco ou ainda não tenha familiaridade com a matéria, faça em torno de 30 questões. Se você não souber nada do assunto, pelo menos visualize os itens, verifique o gabarito e leia os comentários.

Depois disso e ao ler as respostas você vai saber sua real situação nesse tema. E, aí são duas possibilidades:

Se o seu nível estiver muito baixo e você nem compreende o teor das questões, será preciso entender o mínimo sobre o assunto. É justamente aí que entram as videoaulas como facilitadores do entendimento. Por isso é importante saber sua situação e entender o custo-benefício de cada técnica de estudo.

Mas caso seu desempenho já seja algo superior a 30%, melhor ir direto para uma fonte de estudo. De preferência a mais adequada para responder corretamente as questões.

Se você resolveu as questões, incialmente, por um livro de questões comentadas, como os da Editora Foco, por exemplo, já vai perceber, nos próprios comentários de onde foram retiradas as respostas e, com isso, estudar por esse material.

Por exemplo, se, no caso que estamos falando, você identificou que um livro resumido é suficiente para solucionar a maioria das questões de "poder constituinte", é por ele que você deve estudar.

No momento do seu estudo resuma tudo em palavras chaves para poder revisar posteriormente.

Terminado esse(s) ciclo(s) de estudo(s) sobre esse assunto, volte a resolver questões sobre o tema para entender em qual nível você está de agora em diante. Posteriormente é só manter a revisão pelos seus resumos e mais resolução de questões.

Se você percebeu, a resolução e a análise das questões vai ocupar tranquilamente 1/3 ou mais de seu tempo de estudo. E isso é muito importante, pois atividades práticas estão entre as mais adequadas para a retenção de conhecimento.

Apesar de ser algo simples de fazer, eu sei que quase ninguém faz dessa forma. E te digo isso por experiência prática que isso faz toda a diferença. Veja o roteiro básico:

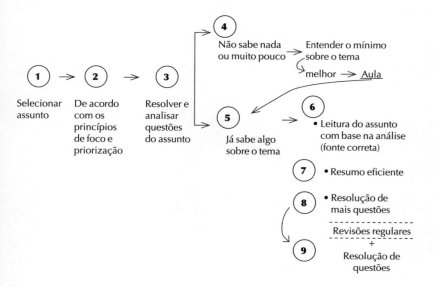

Você ainda pode incrementar a assimilação do conteúdo utilizando outras técnicas, de preferência as mais práticas e concretas, como ensinar o que aprendeu para os colegas ou simular o momento da prova em condições mais severas.

O importante é que seu estudo seja ativo, ou seja, um estudo em que seja utilizado o seu processamento cerebral para entender o seu contexto, escolher a melhor estratégia, aplicar as técnicas de melhor custo-benefício e estudar com real eficiência, focado em desempenho nas questões de prova.

21. ANTES DE DORMIR

Antes de dormir, o que eu mais pensava era se seria realmente aprovado.

Você pensa nisso enquanto está sozinho(a)?

Foto: Posse DPE/BA 2014

Essa semana li uma frase bem interessante: "As batalhas mais importantes são travadas dentro de nós mesmos". (Sheldon B. Kopp)

No fundo era isso!

Por mais que eu estudasse para atingir a aprovação, se não conseguisse controlar minha mente nada seria possível.

Ao longo do tempo descobri algumas perguntas chaves que, quando respondi, me ajudaram a dormir confiante.

Colocarei aqui algumas para que você possa responder também:

1ª – O que te motiva a fazer concursos?

2ª – Qual crença você tem que te levará aos seus objetivos?

3ª – Qual o grau de disposição que você alcançará?

4ª – Você confia nas suas estratégias de estudo?

5ª – Quem está ao seu lado nessa batalha?

Não são perguntas fáceis. As respostas muito menos.

Apesar de cada um ter suas próprias respostas, talvez as minhas te ajudem a clarear sua mente.

22. FUTURO EM CONCURSOS

Durante época em que fiz cursinho, antes de ir para as aulas, eu passava em uma lanchonete. Ficava sentado em uma cadeira, como essa da foto, comendo e pensando em como iria ser meu futuro nos concursos.

Você passa por isso? Já se sentiu assim?

À época, não sabia que seria aprovado em vários concursos, sendo duas vezes para Defensor Público. Mas, mesmo sem saber do meu potencial, algumas características me ajudaram muito a ser aprovado. Algumas já possuía e outras desenvolvi com o tempo.

Vou escrever aqui sobre três, para que você possa identificar em você ou começar a cultivar as que precisa a partir de agora.

#1. Veja o seu futuro claramente: quando comecei a estudar não tinha clareza de onde queria chegar nem o que era preciso fazer, de forma exata, para ser aprovado. Essa falta de clareza estratégica me prejudicou no início. Mas com o tempo entendi que sem essa visão nada seria possível.

#2. Tenha clareza sobre sua etapa nos concursos: quando entendi meus objetivos e enxerguei minha caminhada, pude perceber em qual momento ou etapa que estava. Dessa forma, eu soube o que era preciso fazer, naquele momento, sem ansiedade.

#3. Seja obsessivo pelo controle do conteúdo: um dos piores fatores para mim era não ter controle do conteúdo. Isso não significa saber tudo, mas sim ter sempre na memória o que já foi estudado e ter um bom desempenho nas questões relacionadas a esses assuntos. Independente do nível que você estiver, ter uma estratégia para memorização e desempenho dos temas já estudados é essencial. Isso fez muita diferença para mim.

Dessas três caraterísticas, eu tinha apenas a terceira e desenvolvi a duas primeiras. Você pode desenvolver também qualquer uma e atingir mais rápido sua aprovação.

23. SEU DIA VAI CHEGAR

Vai chegar o dia em que você não vai mais precisar estudar, mas vai querer continuar aprendendo mesmo assim.

Vai chegar o dia em que suas dúvidas sobre sua aprovação em concurso não existirão, mas você ainda vai se questionar sobre seu futuro.

Vai chegar o dia em que você vai saber que todo seu esforço valeu a pena, mas mesmo assim buscará novas vitórias.

Ser aprovado em concursos é um grande desafio, talvez o maior de nossas vidas, mas não é o único que ela nos reserva.

Existe toda uma vida pela frente e sua aprovação está mais próxima do que você imagina.

Foi exatamente assim comigo. Não será diferente com você.

24. COMO FAZER MAIS COM MENOS EM CONCURSOS

Desde os tempos de colégio, meu pai me dizia: "meu filho, você é simplista". Era uma crítica, mas no fundo eu achava o máximo. Para mim, significava que eu estava conseguindo realizar algo com o mínimo esforço possível. Em minha cabeça "simplista", era igual a "eficiência".

Você nunca em sua vida fez algo de tal forma que fosse simples e, mesmo assim, resolvesse a situação?

Nem sempre eu conseguia ser eficiente, mas quando conseguia, a sensação era incrível. Você já sentiu isso?

Todos nós, em algum momento da vida, conseguimos realizar algo com real eficiência. Mas por que não levamos isso para todos os outros aspectos de nossa vida? E em CONCURSOS também.

Com o tempo percebi, que a eficiência (fazer mais com menos) é algo que está permeado em várias teses e teorias ao longo da história. Trago aqui sete exemplos adaptados a provas e concursos. Espero que o ajudem a ser mais eficiente.

"Foque no que mais importa"

1 – PRINCÍPIO 80/20 (Vilfredo Pareto - 1897): foque a maior parte do tempo e de sua energia nos temas mais importantes, aqueles que possuem uma maior probabilidade de serem cobrados. Ex.: faça uma análise das provas, do concurso, da banca e do cargo desejado para priorizar os temas a serem estudados. Segue um exemplo prático aqui:

https://youtu.be/YObo-qb_WjU

"Seja Eficiente"

2 – PRINCÍPIO DO MENOR ESFORÇO (George Zipf - 1949): certas atividades que você faz te trarão mais resultados e minimizarão o seu trabalho. Ex.: foque no conteúdo essencial da matéria, resuma para revisar com frequência e faça muitas questões.

https://youtu.be/1S4ofT4WyuU

"Identifique padrões"

3 – TABELA DOS ELEMENTOS (Dimitri Mendeleev - 1817): identifique padrões para prever as propriedades de elementos que seriam descobertos no futuro. Ex.: ao resolver questões encontre padrões de perguntas para poder criar outras similares.

Veja um exemplo prático do que eu falo aqui neste vídeo:

https://youtu.be/c0_SFXkGz9M

"Elimine o que Prejudica"

4 – REGRA DOS POUCOS VITAIS (Joseph Mose Juran - 1954): algumas poucas causas podem estar minando o seu tempo e produtividade nos estudos. Identifique-as e elimine-as. Ex: hábito de ver tv, ir para a cama com o smartphone ou até mesmo ler em voz alta ao estudar. Veja como isso funciona:

https://youtu.be/-Li1290tWzM

"Menos é mais"

5 – POSSUA MENOS: tenha menos livros, menos canetas, menos videoaulas, em suma, menos material. Isso vai te livrar da angustia de que sempre tem muito a fazer e decidir.

"Meça seus resultados"

6 – TEORIA DO CONTROLE: monitore o que acontece de importante para tomar boas decisões e corrigir o seu trajeto nos estudos. Ex.: monitore a evolução do seu desempenho e o avanço de suas metas. Veja um exemplo prático aqui:

https://youtu.be/TrUgrMT-OY4

"Valorize seu recuso mais escasso"

7 – PRINCÍPIO DO TEMPO MÍNIMO (Pierre de Fermat - 1660): valorize o seu recurso mais escasso. Se for o tempo, utilize estratégias de produtividade nos estudos, por exemplo.

25. 10 CURIOSIDADES E MITOS SOBRE CONCURSOS

1) Somente 1 em cada 10 candidatos está preparado minimamente para os concursos que vão fazer.

2) Memorizar o conteúdo de nada vale no momento da prova se você não souber aplicá-lo de forma prática.

3) Nem todos que estudam passam no concurso que querem. Mas todos que passaram estudaram.

4) Não desistir não é garantia de aprovação. Pode ser que você fique a vida inteira fazendo concurso sem passar se estiver estudando de forma pouco eficiente.

5) Por outro lado, estudar com estratégia, não desistir e saber que está progredindo em termos de desempenho prático aumentam muito suas chances de aprovação.

6) Achar que só passa em concursos quem é inteligente ou que os concursos estão difíceis demais é coisa de concurseiro vitimista.

7) Terceirizar a culpa não te levará à aprovação. Então dizer que não tem tempo ou que o Brasil está em crise não ajuda em nada no seu caminho para o sucesso. Tenho alunos que são aprovados trabalhando o dia todo e com filhos.

8) CESPE é a banca que mais tem questões disponíveis de provas anteriores, mais de 170 mil, seguida pela FCC com mais de 75 mil.

9) Ler não é estudar. Ler é uma atividade quase que passiva, enquanto estudar envolve compreensão, repetição e aplicação. Você está lendo ou estudando?

10) A derrota começa na mente, mas a sua vitória também! A obstinação e força mental em busca do seu objetivo é um dos maiores trunfos quem alguém pode ter.

26. EM RESUMO...

1 – ELIMINE O QUE TE AFASTA DOS SEUS OBJETIVOS: existem elementos que te aproximam dos seus objetivos (aprovação) e outros que te afastam. Distancie-se desses elementos prejudiciais.

Exemplo prático: afasta-se de pessoas negativas que sempre dizem que você não vai passar.

2 – REDUZA ATIVIDADES QUE GERAM POUCO RESULTADO: existem determinadas atividades que, apesar de relacionadas com seu objetivo, contribuem pouco ou nada para o seu desempenho nas provas de concursos. Elimine ou reduza ao máximo essas atividades.

Exemplos práticos: assistir às aulas quando você já compreende o assunto; ler dois ou mais livros da mesma matéria; se aprofundar em temas pouco cobrados ou de pouca importância.

3 – INTENSIFICAR SEU ESFORÇO NO MAIS IMPORTANTE: da mesma foram que há atividades que te proporcionarão pouco resultado, existem outras que gerarão um ótimo resultado. Por isso, é importante identificar essas atividades, técnicas e estratégias para produzir mais em menos tempo.

Exemplos práticos: resolver muitas questões da banca do seu concurso; priorizar e aprofundar em temas mais importantes.

4 – TORNE O SEU ESTUDO SIMPLES E EFICIENTE: tenha um ciclo de estudos voltado ao desempenho e progresso: estude, compreenda o assunto, resolva questões, resuma em pouco espaço, revise com frequência e resolva questões novamente.

Exemplo prático: meça seu desempenho por meio de questões, cartões de memória (fase cards) e simulados.

5 – DESENVOLVA SUAS HABILIDADES: com o tempo você vai desenvolvendo suas habilidades e, com isso, estudando cada vez melhor.

27. GURU

Um aluno meu, semana passa da me chamou de guru. Ele quis me elogiar, percebi isso, mas me senti incomodado. Não me considero um guru e nem gosto disso.

Sou apenas uma pessoa normal, mediana, que, ao estudar, adquiriu experiência e estratégias, foi aprovado nos concursos desejados.

O que eu faço aqui é apenas colocar minha experiência à sua disposição, para que você possa utilizar da melhor maneira para o seu crescimento.

No fundo, o que eu mais desejo é que você acredite menos em gurus e mais em você.

Teste o que eu digo e coloque em prática. Se for bom para você e trouxer resultados, estarei muito feliz.

No fim das contas o mérito é seu. Você que vai ter que estudar, colocar em prática técnicas de estudo e ter força mental para ir até o fim.

É a você que presto meu reconhecimento por essa luta, a mesma que enfrentei alguns anos atrás.

Gerson Aragão

CONCLUSÃO

Como você pôde ver, os princípios mentais são a base do sucesso em concursos públicos. O mais interessante é que esses fundamentos, na verdade, são um modo de perceber a realidade.

As coisas que acontecem ao nosso redor são apenas fatos. Em si, não são nem bons e nem ruins para você. A interpretação que é dada a esses fatos cria uma estrutura na mente que pode ajudar ou prejudicar seus objetivos.

Pense, por exemplo, que de tempos em tempos se fala em crise nos concursos. Isso é apenas um fato. Uma notícia, que pode ser interpretada por um estudante de concurso de duas formas: como o momento para desistir ou como uma oportunidade para seguir em frente. No primeiro caso, é comum pensar que na crise tem poucos concursos e as chances de ser aprovado são menores, já no segundo caso, o pensamento é de que muitas pessoas vão desistir; terá mais tempo para estudar para concursos e por isso as chances são maiores. Qual dos dois pensamentos lhe ajuda a ter sucesso? O primeiro ou o segundo?

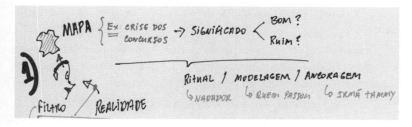

São esses tipos de pensamentos que vão formando as nossas crenças. Elas podem ser limitadoras ou potencializadoras. Quando seus princípios são limitantes, eles freiam o potencial que existe em você e, por consequência, suas ações, sua forma de agir e estudar será mais limitada, por isso, seus resultados não serão bons. No fim, tudo isso apenas vai reforçar essas crenças que lhe prejudicam.

Os 10 princípios explicados neste capítulo representam crenças fortalecedoras. Pensamentos que não limitam seu potencial, muito pelo contrário. Dessa forma suas ações e seus resultados serão mais efetivos, isso gerará um espiral do sucesso.

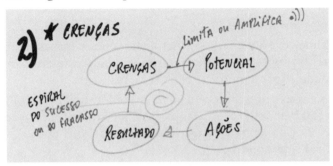

Veja alguns exemplos de crenças que podem estar limitando o seu potencial.

1. "Para passar em concursos é só sentar e estudar"

2. "Só passa em concursos quem estuda 10 horas por dia."

3. "Tem muita fraude em concurso, por isso que não passo."

4. "Só passa em concurso quem é inteligente."

5. "Fulano passa em concurso porque só estuda. Como eu tenho que trabalhar e estudar não consigo."

6. "Eu nunca vou conseguir passar, pois a concorrência é muito grande".

Essas são algumas concepções ou mitos que foram quebrados ao longo deste livro. Quando você quebra ou ressignifica esses preceitos em sua mente, suas chances de sucesso aumentam.

Por outro lado, trouxe aqui também a minha experiência de vida em concursos. As dificuldades que enfrentei e as soluções que encontrei.

Esse foi, para mim, o caminho para o sucesso. Espero que te inspire e seja o início de sua história de sucesso.